교정소VS교정청 등등 유사 개념이 헷갈린다면?

혼동 개념의 매칭!
데칼코마니

+ 다양한 한국사

바로해북스

목 차

1단원

혼동 개념의 매칭 데칼코마니 ……………………………………… 5

2단원

아리까리한 지역사 ………………………………………………… 59

3단원

반드시 알아야할 인물사 …………………………………………… 73

4단원

당락을 결정하는 시기판단 ………………………………………… 93

머리말

안녕하세요 라영환입니다.

어느덧 시간이 흘러 11월입니다 조금씩 초조해질 시기라는 생각이 들어요. 하지만 이럴때 일수록 마음을 가다듬고 차분히 공부에 집중하는 것이 필요할 때라 생각이 들어요.

이번에 소개하는 교재는 혼동 개념의 매칭 데칼코마니 입니다. 시험장에 가면 "어 왜 이걸 실수했지" 하는 문제가 한 두 개 꼭 생깁니다. 그건 여러분의 잘못이 아니라 출제위원들이 여러분을 틀리게 하기 위해 비슷하면서도 아리까리한 개념이나 단어를 섞어서 문제를 출제하기 때문입니다 이번 교재는 그러한 부분을 해결 하기위해 전 범위에 걸쳐 역대 9급 7급 기출을 분석해서 출제되었거나 출제 가능성 있는 비슷한 개념을 비교 분석하는데 많은 시간을 할애해서 교재를 만들었습니다.

단어의 혼동 뿐만 아니라 사료의 혼동 시기의혼동 이런 혼동 개념을 비교함으로써 그날 출제자들이 출제하는 당락을 결정하는 한 문제를 맞출수 있도록 최선의 노력을 했다는 점을 다시 한번 밝히고 싶습니다.

두번째로 이교재는 혼동 개념의 매칭 데칼코마니 외에 자주 나오는 인물사 아리까리한 지역사도 교재에 담았습니다.

그리고 단어 배열이 아닌 시험에 출제되는 문장 형태로 구성 정리해서 개념을 공부하면서도 시험에서 출제되는 선지와 최대로 유사하게 교재를 구성했습니다.

국가직 지방직에 지역사가 자주 출제되는점을 생각해본다면 이교재가 얼마나 우리 학생들에게 도움이 될까라는 생각만으로도 설레기까지 합니다.

지방직의 트렌드는 인물사입니다. 인물사가 최소 3문항은 출제가 되는 추세입니다 그런데 시중 교재들은 단순한 근현대사 인물만 나열식으로 배열하고 있습니다.

그런데 실제 시험에서는 전근대사 인물(김유신, 연개소문, 서희 등등)이 당락을 결정하는 킬러 문항으로 자주 등장하곤 합니다.

우리교재는 기출문제에 출제되지 않았더라도 사료나 선지에 언급된 다소 낯선인물(김인문,계백)을 다시 재정리 해서 앞으로 나올 가능성에 대비했습니다.

그리고 모든 인물들이 사료로 구성되기 때문에 반드시 기억해야할 사료를 인물과 매치해서 구성했다는 점도 알려드리고 싶어요.

세번째로 우리가 가장 힘들어하면서도 한해도 빠지지 않고 출제되는 형태가 순서 배열과 시기판단입니다.

그래서 전근대사에서 근현대사까지 시기 판단이 자주 출제되는 파트에 해당되는 문제를 배열해서 내가 어느 파트에 집중 해야 하는지를 다시한번 상기 시키도록 교재구성을 했습니다 제시하는 주제와 파트관련 문제를 풀어보면서 자신이 약힌 파트를 민나 볼수 있는 운명같은 시간이 되길 기원합니다.

사랑하는 라들이 여러분들이 이교재를 통해서 정말 좋은 성과를 거둘꺼라고 확신합니다. 시험에 나오지도 않는 방대한 내용을 배제하고 꼭 알아야할 내용과 사료로 구성해서 여러분들의 공부시간을 절약 하면서도 효과는 극대화할수 있는 교재가 될것을 다시한번 확신합니다.

힘들고 지치겠지만 끝까지 화이팅 해주세요. 라들이들 사랑합니다. 그리고 응원합니다.

학원에서 **라영환** 교수

I

혼동 개념의 매칭 데칼코마니

1. 가로날도끼 vs 바퀴날도끼

가로날도끼		바퀴날도끼
구석기시대	시대	청동기시대
뗀석기, 사냥용 도구	형태	간석기, 무기의 일종

2. 토테미즘 vs 애니미즘 vs 샤머니즘

토테미즘	애니미즘	샤머니즘
부족과 특정 동·식물을 연결지어 숭배	자연현상, 자연물 숭배	무당과 그 주술 숭배

3. 덧무늬토기 vs 덧띠토기

덧무늬토기		덧띠토기
신석기	시대	철기
토기 표면에 점토 띠를 덧붙임	형태	한국식 동검: 독자적 청동기 문화

4. 비파형동검 vs 세형동검

비파형동검		세형동검
청동기	시대	철기
북방식 동검	형태	한국식 동검: 독자적 청동기 문화

5. 한 설치 군현 (창해군 vs 한사군)

창해군		한사군
위만조선	시대	고조선 멸망(B.C. 108)
예) 남려가 한에 투항 (B.C. 128)	설치원인	고조선에 대한 지배력 강화 (낙랑, 진번, 임둔, 현도)
한과 고조선의 충돌 → 요동도위 섭하 살해	결과	8조법 → 60조법

6. 민며느리제 vs 서옥제

민며느리제		서옥제
옥저	나라	고구려
여성이 어릴 때 남성 집에서 성장 → 남자가 예물을 치르고 혼인	개념	데릴사위제(모계사회)
신랑 집에서 맞이하여 장성하도록 길러 아내를 삼는다. 성인이 되면 다시 친정으로 돌아가게 한다. 여자의 친정에서는 돈을 요구하는데, 돈을 지불한 후 다시 신랑집으로 돌아온다.	사료	신부집 뒤꼍에 조그만 집을 짓고, 거기서 자식을 낳아 장성하면 아내를 데리고 신랑집으로 돌아가는 풍습이 있었다.

7. 관구검 vs 모용황

위 관구검 침입		전연 모용황 침입
3C 동천왕: 서안평 공격	시기	4C 고국원왕
환도성, 국내성 함락	결과	수도 함락, 미천왕릉 도굴

8. 고구려의 한강유역 장악

광개토대왕 vs 아신왕		장수왕 vs 개로왕
한강 이북 장악	한강진출	한강 이남 장악
왕은 노하여 아리수를 건너 백잔으로 진격시켰다. [중략] 백 잔의 군주는 남녀 1천 명과 세포(細布) 1천 필을 바치고 왕 앞에 무릎을 꿇고 맹세하였다. "지금부터 이후로 영원히 노객이 되겠습니다."　－광개토대왕릉비－	사료	고구려 왕 거련(장수왕)이 몸소 군사를 거느리고 백제를 공격하였다. 백제 왕 경(개로왕)이 아들 문주를 보내 구원을 요청하였다. 왕이 군사를 내어 구해주려 했으나 미처 도착하기도 전에 백제가 이미 무너졌다. 경 또한 피살되었다.　－「삼국사기」－

9. 광개토대왕릉비 vs 충주고구려비

광개토대왕릉비		충주고구려비
장수왕(514)	건립시기	장수왕 추정
국내성 집안	위치	충주(한반도 유일 고구려 비석)
• 1면 건국신화, 비 건립 배경 • 2면 정복기사 • 3면 수묘인 관련 규정 기록	내용	• 5C 고구려와 신라 관계 유추 • 5C 고구려 한강 유역 진출 입증 • 고구려의 천하의식
신라왕이 사신을 보내어 아뢰기를, "왜인이 그 국경에 가득 차 성지를 부수고 노객(奴客)을 왜의 백성으로 삼으려 하니 이에 왕께 귀의하여 구원을 요청합니다."라고 하였다. 태왕이 은혜롭고 자애로워 신라왕의 충성을 갸륵하게 여겨, …보병과 기병 도합 5만 명을 보내 신라를 구원하게 하였다. - 광개토대왕릉비 -	사료 (고구려 ~신라)	5월 중에 고구려 대왕이 상왕공과 함께 신라의 매금(왕)을 만나 영원토록 우호를 맺기 위해 중원에 왔으나, 신라 매금이 오지 않아 실행되지 못하였다. 이에 고구려 대왕은 태자공 전부, 대사자 다우환노가 이곳에 머물러 신라 매금을 만나게 하였다. - 「충주고구려비」 -

10. 금관가야 병합 vs 대가야 멸망

금관가야 병합(532)		대가야 멸망(562)
법흥왕 cf) 대가야 이뇌왕과 결혼동맹(522)	시기	진흥왕 cf) 낙동강 유역 확보 → 창녕비 건립(561)
법흥왕 19년(532) 금관국의 왕 김구해가 왕비와 맏아들 노종, 둘째아들 무덕, 막내아들 무력과 더불어 자기 나라의 보물을 가지고 항복하였다. 임금이 예를 갖추어 대접하고 상등의 직위를 주었으며, 금관국을 식읍으로 삼게 하였다. 아들 무력은 벼슬이 각간에 이르렀다. - 『삼국사기』 -	사료	대가야가 모반하였다. 왕은 이사부로 하여금 그들을 토벌케 하고, 사다함으로 하여금 이사부를 돕게 하였다. … 이사부가 군사를 인솔하고 그곳에 도착하니, 그들이 일시에 모두 항복하였다. 공로를 평가하는데 사다함이 으뜸이었기에 왕이 좋은 밭과 포로 2백 명을 상으로 주었다. - 『삼국사기』 -

11. 우역 vs 우경

우역		우경
5C 소지마립간	시기	6C 지증왕
공문 전달&말 공급 → 교통&통신	개념	소를 이용해 농사를 짓는 일

12. 신라의 혼인동맹

신라&백제(493)		신라&대가야(522)
백제 동성왕 - 신라 소지마립간 cf) 나제동맹(433) : 백제 비유왕-신라 눌지마립간	시기	대가야 이뇌왕 - 신라 법흥왕
한성함락 이후 고구려 문자(명)왕의 팽창	원인	백제 무령왕의 압박

13. 22담로 vs 22부

22담로		22부 중앙관청
무령왕	시기	성왕 cf) 14부 중앙관청(신문왕)
지방에 왕족 파견: 지방통제 강화	결과	조직 정비를 통한 중앙집권 강화 도모

14. 관산성 전투 vs 대야성 전투

관산성 전투(554)		대야성 전투(642)
신라 진흥왕의 배신 → 나제동맹 결렬	배경	선덕여왕의 집권
성왕: 대가야, 왜와 연합	전개	의자왕: 신라 40여 성 차지 대야성 함락
성왕 전사	결과	• 김춘추의 딸과 사위 김품석 사망 • 김춘추: 고구려에 도움 요청 　→ 연개소문: 거절
554년 가을 7월에 왕이 신라를 습격하기 위해 직접 보병과 기병 50명을 거느리고 밤에 구천에 이르렀는데, 신라의 복병이 나타나 그들과 싸우다가 난병들에게 살해되었다. 왕이 가량과 함께 관산성을 공격하였다. 군주인 각간 우덕과 이찬 탐지 등이 맞서 싸웠으나 전세가 불리하였다. 신주(新州)의 군주인 김무력이 주의 군사를 이끌고 나아가 교전하였는데, 비장인 삼년산군의 고간도도가 급히 쳐서 왕을 죽였다. 　　　　　　　　　　　－『삼국사기』－	사료	642년 7월 임금이 직접 병사를 거느리고 신라를 침공하여 미후 등 40여 성을 함락하였다. 8월, 장군 윤충을 보내 병사 1만 명을 거느리고 신라의 대야성을 공격하게 하였다. 성주인 품석이 처자를 데리고 나와 항복하였는데, 윤충이 그들을 모두 죽이고 품석의 목을 베어 왕도에 보냈다. 　　　　　　　　　　　－『삼국사기』－

15. 녹읍폐지 vs 녹읍 부활

녹읍 폐지		녹읍 부활
신문왕(689) cf) 관료전 지급(687)	시기	경덕왕(757)
왕권 강화, 귀족 세력 약화	결과	왕권 약화, 귀족 세력 강화
중앙과 지방 관리들의 녹읍을 폐지하고 해마다 조(租)를 차등있게 주었으며 이를 일정한 법으로 삼았다.	사료	중앙과 지방의 여러 관리에게 매달 주던 녹봉을 없애고 다시 녹읍을 주었다.
녹읍: 귀족에게 수조권·노동력 징발권 부여 식읍: 왕족·공신에게 수조권·노동력 징발권 부여 cf) 성덕왕: 백성에게 정전 지급(722)		

16. 한화정책

지증왕	경덕왕
• 주군제 실시→지방관(군주 파견) • 이사부를 실직주 군주로 파견(505)	• 중시의 명칭 시중으로 격상 • 군현·관직명 중국식으로 바꿈 (국학 → 태학감)

17. 발해가 일본에 보낸 국서

무왕		문왕
당&신라 견제하고자 일본과 교류	배경	당과 친선관계로 전환
무예는 황송스럽게도 대국(大國)을 맡아 외람되게 여러 번(蕃)을 함부로 총괄하며, 고려의 옛 땅을 회복하고 부여의 습속(習俗)을 가지고 있습니다. 그러나 다만 너무 멀어 길이 막히고 끊어졌습니다. 어진 이와 가까이 하며 우호를 맺고 옛날의 예에 맞추어 사신을 보내어 이웃을 찾는 것이 오늘에야 비롯하게 되었습니다. —『속일본기』권10—	사료	지금 보내온 국서를 살펴보니 글 끝에 천손이라는 참람된 칭호를 쓰니 법도에 어긋납니다. 왕의 본래의 뜻이 어찌 이러하겠습니까.

18. 불국사 3층석탑 vs 미륵사지 3층 석탑

불국사 3층석탑		미륵사지 3층 석탑
경덕왕(김대성 설화)	시기	무왕
무구정광대다라니경 발견 : 현존 최고 목판인쇄본 cf)직지심경 : 현존 최고 활판인쇄본	특징	• 미륵신앙 • 목탑 양식의 가장 오래된 석탑 • 금제사리봉안기 발견 　cf) 석조사리감(부여 능산리 절터):창왕

19. 벽돌무덤 with 벽화

송산리 6호분		정효공주묘
공주 송산리	위치	중경 용두산 고분
남조 양나라 영향	영향	당나라 영향
사신도, 일월도 벽화	벽화	12명의 인물도 벽화

20. 계림잡전 vs 계원필경

『계림잡전』		『계원필경』
김대문(진골)	저자	최치원(6두품)
신라 문화 주체적 인식 경향	특징	현존 최고 문집

21. 걸사표 vs 청방인문표

걸사표		청방인문표
진평왕	시기	문무왕
원광	저자	강수
고구려를 치고자 수나라에 군사를 요청 → 살수대첩	내용	당나라에 갇힌 김인문 석방 요구
	외교문서	

22. 의상 vs 심상

의상		심상
• 화엄종 개창: 영주 부석사 • 화엄사상, 관음신앙(현세) • 『화엄일승법계도』	업적	• 의상 제자: 일본 화엄종 창시
7C 문무왕 · 신문왕	활동시기	8C 중순(성덕왕 대 일본 행)

23. 천태학 vs 천태종

천태학		천태종
광종	시기	숙종
제관, 의통: 남중국(오월)에 파견	인물	의천
• 제관: 『천태사교의』 • 의통: 중국 천태종 13대(혹은 16대) 교조	내용	• 1단계 교종통합: 흥왕사 근거지, 화엄종 중심 • 2단계 교종중심 선종통합: 국청사 창건, 천태종 창시

24. 서경천도

정종		묘청
건국 초기	시기	인종
개경의 공신 세력 제거 후 서경 천도 계획	내용	• 불교+풍수지리 • 개경 문벌귀족 세력 억압 목적 • 칭제건원: 국호 대위국, 연호 천개, 군대 천견충의군 • 금 정벌 주장 • 자주적, 개혁적
공신 반대로 실패	결과	관군(김부식)에 진압

25. 광군사 vs 광학보

광군사		광학보
고려 정종	시기	고려 정종
특수군: 거란 침입 대비 → 청천강 유역에 배치	특징	장학재단 for 승려

26. 살수대첩 vs 흥화진 전투

을지문덕 살수대첩		강감찬 흥화진전투
수 양제의 침입(영양왕)	시기	거란 3차 침입(현종)
청천강 유역	특징	양규의 흥화진 전투와 다름
신묘한 계책은 천문을 꿰뚫고 기묘한 방책은 지리를 통달하였소. 싸워서 이긴공은 이미 높으니 족함을 알거든 그치기를 바라노라. - 「여수장우중문시」 - 수나라의 군대가 살수를 절반쯤 건넜을 때, 우리 군사가 뒤에서 공격하였다. 적장이 전사하고 한꺼번에 무너졌다. … 처음에 요동에 도착했을 때 30여 만이던 군대가 돌아갈 때는 2천 7백 명뿐이었다. - 「삼국사기」 -	사료	왕은 평장사 강감찬을 상원수로 삼고 대장군 강민첨으로 하여금 그를 보좌하게 하여 병사 208,300명을 거느리고 영주(寧州)에 주둔하게 하였다. 흥화진에 이르자 기병 12,000명을 선발하여 산골짜기 한가운데에 매복시키고 또한 굵은 줄로 쇠가죽을 꿰어서 성 동쪽의 큰 강을 막고서 적군을 기다리다가, 적군이 이르자 막았던 강을 터뜨리고 복병들을 내보내서 적을 크게 격파하였다. - 「고려사절요」 -

27. 천리장성

고구려		고려
연개소문(영류왕)	주도인물	강감찬(덕종~정종)
당나라 침입 대비	건립이유	거란 침입 대비
부여성~비사성	구간	압록강 하구~동해안 도련포

28. 귀주대첩 vs 귀주성 전투

귀주대첩		귀주성전투
거란 3차 침입	시기	몽골 1차 침입
강감찬	인물	박서

29. 안동도호부 vs 안북도호부

안동도호부		안북도호부
고구려 멸망 후 당이 세움	시기	고려 현종
평양(대동강)	위치	안주(청천강)

30. 9재학당 vs 국학7재

9재학당		국학7재
사학	형태	관학
문종	시기	예종
• 사학 12도중 하나 • 최충 문헌공도	특징	국자감 유학부 내에 설치된 전문강좌

31. 관학진흥책(장학)

양현고		섬학전
예종	시기	충렬왕(안향 건의)
국자감 內 설치	특징	양현고 부실 보충
	사료	"재상의 직무는 인재를 교육하는 것보다 먼저 함이 없거늘 지금 양현고가 고갈되어 선비를 기를 것이 없습니다. 청컨대 6품 이상은 각각 은 1근을 내게 하고 7품 이하는 포를 차등 있게 내도록 하여 이를 양현고에 돌려 본전은 두고 이자만 취하여 섬학전으로 삼아야 합니다."

32. 이자겸 vs 이의민

이자겸		이의민
문벌귀족(외척)	신분	천민 출신
• 이자겸의 난(1126, 고려 인종) • 자신의 생일을 인수절이라 칭함	특징	• 정중부 시기 의종 살해 • 도방 폐지 • 김사미·효심의 난(배후에서 지원)
십팔자위왕(十八子爲王)		

33. 교장도감 vs 교정도감

교장도감		교정도감
『교장 간행』 → 몽고침입으로 소실	설치계기	청교리 살인사건을 계기로 설치된 임시관청
대각국사 의천	인물	최충헌
• 흥왕사 • 교장을 만든 임시기구 └ 의천의 주석서 cf) 신편제종교장총록 → 교장도감 → 교장 └ 거란·송 대장경 참고	내용	• 최씨무신정권 최고 정치기구 • 장관: 교정별감

34. 부여풍 vs 승화후 왕온

부여풍		승화후 왕온
백제부흥운동	관련사건	삼별초 항쟁
복신, 도침(주류성) 흑치상지(임존성)	관련인물	배중손(진도 용장산성에서 항전)

35. 공주 명학소 vs 다인철소

공주 명학소		다인철소
정중부	시기	최항, 최의
망이·망소이의 난(1176)	관련사건	몽골 6차 침입시기 군공을 세움
충순현 승격(정중부)	결과	익안현 승격(최의)

36. 마별초 vs 야별초

마별초		야별초
최우	인물	최우
기병대	특징	방범대→삼별초의 모체

37. 시무10조 vs 훈요10조 vs 봉사10조

	시무10조	훈요10조	봉사10조
시기	신라 진성여왕	고려 건국 초	고려 명종
인물	최치원	왕건	최충헌
내용	내용 현전X	후대 왕에게 남긴 유훈	고려 왕실 보위 · 존중 적폐 개혁 방안
사료		제1조 불교의 힘으로 나라를 세웠으므로, 사찰을 세우고 주지를 파견하여 불도를 닦도록 할 것 → 불교장려 제2조 모든 사원은 도선의 풍수 사상에 따라 세운 것이니 이 외에는 함부로 사원을 짓지 말 것 → 도교, 풍수지리설 존중 제4조 중국의 풍습을 억지로 따르지 말고, 거란의 언어와 풍습은 다르므로 의관 제도를 본받지 말 것 → 중국 문화 주체적 수용, 거란 배척 제5조 서경을 중요시할 것 → 북진정책 제6조 부처를 섬기는 연등회와 하늘의 신령 및 오악, 명산, 대천, 용신을 섬기는 팔관회를 성실하게 열 것 → 종교행사 중시 제8조 차현이남 밖은 산형 자세가 배역하니 그 지방의 사람을 등용하지 말것(서북인×)	제1조 왕은 정전[正殿, 연경궁(延慶宮)]으로 환어할 것. 제2조 필요 이상의 관원을 도태시킬 것. 제3조 토지 점유를 시정할 것. 제4조 조부(租賦)를 공평히 할 것. 제5조 왕실에 공상(供上)을 금지할 것 제6조 승려를 단속하고 왕실의 고리대업을 금할 것. 제7조 청렴한 주·군의 관리를 등용할 것 제8조 백관으로 하여금 사치를 금하고 검약을 숭상케 할 것. 제9조 비보 이외의 사찰을 도태시킬 것. 제10조 관리 등용에서 인물을 가려 등용할 것.

38. 해도입보 vs 입성책동

해도입보		입성책동
강화천도기	시기	원간섭기
몽골 침입에 대비해 백성들을 섬(또는 산성)으로 입보시킴	내용	고려에 원의 행성을 세우려 함 → 원이 고려를 직접 지배하려 함

39. 쌍성총관부

설치		수복
최씨정권 붕괴 후(개경환도이전)	시기	공민왕(1356)
용진현 출신 조휘와 정주 출신 탁청이 화주 이북 지방을 몽골에 넘겨주었다. 몽골은 화주에 쌍성총관부를 설치하고 조휘를 총관으로, 탁청을 천호(千戶)로 임명하였다. – 『고려사』 –	사료	유인우가 쌍성을 함락하였다. 총관 조소생과 천호 탁 도경은 도주하였으며, 원에 빼앗겼던 화주, 등주 등 각 주와 선덕, 원흥 등 여러 진을 수복하였다. – 『고려사』 –

cf) 동녕부 · 탐라총관부(충렬왕 수복)
　　개경환도 이전　　개경환도 이후

40. 요동정벌

공민왕		우왕
원명교체기	원인	명의 철령위 설치 요구
이성계+지용수 동녕부 공격	내용	최영+우왕(요동정벌) ↔ 이성계+조민수(위화도 회군)

41. 풍수지리설 vs 초제

풍수지리설		초제
신라 하대	시기	고려~조선
• 도선 등 선종 승려 • 도참신앙	내용	• 도교행사 • 예종이 복원궁 건립하고 초제 거행 • 나라의 안녕과 왕실의 번영 기원

42. 흥왕사 vs 흥덕사

흥왕사		흥덕사
개경	위치	청주
• 의천 교종(화엄종 중심) 통합 근거지 • 교장도감 설치	특징	『직지심체요절』(1377) : 현존 최고 금속활자본

43. 나주피난 vs 복주피난

나주 피난		복주(안동) 피난
고려 현종	시기	고려 공민왕
거란 2차 침입 cf) 왕건의 나주(금성) 점령 for 후백제 견제 cf) 정도전 귀양지(민본사상)	관련사건	홍건적 2차 침입 cf) 고창전투: 왕건 승 cf) 안동 봉정사 극락전(현존최고)

44. 『초조대장경』 vs 『재조대장경』

『초조대장경』		『재조대장경』
거란 침입기	시기	몽골 침입기
대구 부인사 보관 → 몽골 침입으로 소실	내용	• 대장도감(강화도) └ 분사(진주) cf) 『향약구급방』 간행 at 대장도감 • 유네스코 세계기록유산 cf) 보관:장경판전(조선, 세계문화유산)

45. 혜량 vs 혜자 vs 혜심

	혜량	혜자	혜심
국가	신라	고구려	고려
시기	6C 진흥왕	6C 영양왕	13C 무신집권기(최우)
내용	불교 교단 정비 기여 → 국통 임명	日 쇼토쿠 태자 스승	진각국사 유불일치설

46. 무애가 vs 보현십원가

무애가		보현십원가
원효(무열왕, 문무왕)	인물	균여(광종)
불교대중화	내용	향가 수록

47. 불교대중화

아미타 신앙		법화 신앙
원효(무열왕, 문무왕)	인물	요세(최충헌)
내세 중심 불교대중화	내용	백련결사운동 참회 강조(at 보현도량)

48. 「동명왕편」 vs 「제왕운기」

「동명왕편」		「제왕운기」
무신집권기	시기	원간섭기
이규보(명종) 『동국이상국집』 수록	저자	이승휴(충렬왕)
고구려 계승 의식	내용	• 단군신화 기록 • 발해사를 우리 역사로 최초 기록 • 우리 역사와 중국 역사를 대등하게 파악
지난 계축년 4월에 『구삼국사』를 얻어 「동명왕본기」를 보니, 그 신이한 사적이 세상에서 이야기하는 것보다 더하였다. 그러나 처음에는 이를 믿지 못하고 귀신 이야기거나 환상적인 이야기로만 생각하였다. 그러다가 세 번 반복하여 읽고 그 뜻을 탐색하여 점점 그 근원에 들어가니, 환상적인 것이 아니고 신성한 것이요, 귀신이야기가 아니고 신의 이야기였다. … 하물며 동명왕의 일은 변화의 신이한 일로서 여러 사람의 눈을 현혹한 것이 아니고 실로 나라를 창업한 신비한 사적이니 …	사료	요동에 별도의 하늘과 땅이 있으니, 별자리도 중국과 구분 된다네. 처음에 어느 누가 나라를 열었던가. 제석의 손자. 이름은 단군이로다.
	서사시 형태, 자주적 사관	

49. 한양 천도 vs 한양 환도

한양 천도(1394)		한양 환도
태조 이성계	인물	태종 이방원
• 풍수지리설 근거 • 나라의 중앙에 위치 → 교통&행정의 요지	내용	• 정종: 개경 천도 • 창덕궁 건설 → 양궐체제 성립

50. 요동정벌

	공민왕	우왕	정도전
원인	원명교체기	명의 철령위 설치 요구	대명(對明)정책
내용	이성계+지용수 동녕부 공격	최영(즉각출병) ↕ 이성계(출병 반대)	• 정도전 · 남은 ↔ 조준 • 표전문 사건이 계기
사료	임금의 명을 받아 우리 태조(이성계)가 기병 5천 명과 보병 1만 명을 거느리고 동북면으로부터 황초령을 넘어 압록강을 건넜다. … 당시 동녕부(東寧府)의 이오로테무르는 태조가 진격해 온다는 말을 듣고 우라산성으로 이동해 들어간 다음 험한 지세에 의지해 저항하다 투항해왔다. 여러 성들도 모두 투항해오니 1만을 넘는 민호가 우리에게로 넘어왔다. 이에 따라 동쪽으로 황성(皇城), 북쪽으로 동녕부, 서쪽으로 바다, 남쪽으로 압록강에 이르는 광범한 지역에서 적이 일소되었다. —『고려사』—	최영이 모든 관리를 모아 철령 이북의 땅을 떼어주는 여부를 논의하자 관리들이 모두 반대하였다. 우왕은 최영과 비밀리에 요동을 공격할 것을 의논하였고, 최영은 이를 권하였다. —『고려사』—	

51. 대마도 정벌

	박위		이종무
	고려 창왕(1389)	시기	조선 세종(1419)
	왜구 토벌 과정에서 신흥 무인 세력 성장	결과	• 1426 3포 개항 → 제한적 무역 허용 • 1443 계해약조(세견선 50척)

52. 각장 vs 무역소

각장		무역소
고려 목종	시기	조선 태종
거란·여진 회유책	목적	여진 회유책
국경지방: 의주	특징	국경지방: 경성, 경원

53. 6조 직계제

태종		세조
사병 혁파	군사	보법·진관체제
O	경연	X
의정부의 여러 일을 나누어 6조에 귀속시켰다. … 처음에 왕은 의정부의 권한이 막중함을 염려하여 이를 혁파할 생각이 있었지만… -『태종실록』-	사료	상왕이 나이가 어려 무릇 조치하는 바는 모두 대신에게 맡겨 논의, 시행하였다. 지금 제도를 모두 복구한다. 지금부터 형조의 사형수를 제외한 모든 서무는 6조가 그 직무를 담당하여 직계한다. -『세조실록』-

54. 승정원 vs 승문원

승정원		승문원
왕명 출납 담당, 비서기관	기능	외교문서 작성
중추원의 승선을 독립	유래	한림원을 예문관(교지작성.사관소속)과 승문원으로 분리

55. 집현전 vs 홍문관

집현전		홍문관(옥당)
세종	시기	성종
경연·서연 담당 → 학술정치 목적	특징	• 경연 부활 및 활성화 • 문한 기능, 경연·서연 담당, 궁중 서적 관리 • 모든 관원이 경연관을 겸함

56. 서적포 vs 서적원 vs 교서관

	서적포	서적원	교서관
시기	고려 숙종	공양왕	조선 태조
배경	서적 보관, 간행, 출판	서적 번역·주석→출판	궁중 서적 인쇄, 출판

57. 사림 vs 산림

사림		산림
온건 신진사대부 학문 계승 성종 때 본격 중앙 진출	개념	중앙 진출하지 않는 성리학자들 의병을 일으킨 정인홍이 시초
조선 후기 정치세력으로 성장하여 붕당정치로 이어짐	특징	재지적성격이 강했지만 효종 이후 중앙정계로 진출(송시열, 윤휴)

58. 사림

등장		집권
성종 때 김종직 등 중앙 진출	시기	선조 때 대거 중앙 진출
• 훈구파 견제 필요성 ↑ • 언관직 진출 → 세력균형	배경	• 16세기 이후 왕권 약화 → 공론 중심의 사림 정치 전개

59. 기축옥사 vs 계축옥사

기축옥사	시기	계축옥사
선조(1589)	시기	광해군(1613)
• 정여립 모반사건 후 고향에서 대동계 조직 • 진압 by 정철 → 동인(조식학파) 피해 大	내용	대북파: 영창대군, 서인·남인 제거

60. 사림의 분화

	동인	서인	북인	남인
계기	이조전랑 임명 문제(16C 중반)		정여립 모반사건(1589)	
특징	• 신진사림 • 척신 정치 개혁에 적극적 • 이황, 서경덕, 조식 문인 • 유성룡, 이산해	• 기성 사림 • 척신 정치 개혁에 소극적 • 이이, 성혼 문인 • 정철, 김장생	• 강경파 • 조식 문인 • 이산해	• 온건파 • 이황 문인 • 유성룡
	노론	소론	시파	벽파
계기	경신환국(1680)		임오화변(1762)	
특징	• 강경파 • 대의명분 • 송시열	• 온건파 • 실리 • 윤증	사도세자 죽음 당연	사도세자 죽음 동정

61. 직전법

실시	시기	폐지
세조(1466)	시기	명종(1556)
현직만 지급 → 물러나면 반납 수신전, 휼양전 폐지	내용	녹봉제 실시

62. 진관체제 vs 제승방략체제

진관체제		제승방략체제
15C 세조	시기	16C 명종(을묘왜변 이후)
• 각 지방 군사 요충지에 설치 　→ 지역 단위의 독자적 방어 • 소규모 침입에 대비 • 지휘: 수령	특징	• 유사시 한 곳에 집결 • 대규모 침입에 대비 • 지휘: 순변사(중앙 파견 고위 관리) 　cf) 충주 탄금대(신립) 전투

63. 벽제관 전투 vs 칠천량 해전

벽제관 전투		칠천량 해전
평양성 탈환 → 벽제관 전투 → 행주대첩	시기	정유재란 발발 → 칠천량 해전 → 명량대첩
조명연합군 vs 일본군 → 패배	내용	원균 vs 일본군 → 패배

64. 별무반 vs 훈련도감

별무반		훈련도감
고려 숙종	시기	조선 선조(임진왜란 中)
윤관	인물	유성룡
• 여진 정벌 목적 • 신기군(기병), 신보군(보병), 항마군(승병)	특징	• 삼수병(포수, 사수, 살수) • 직업적 상비군

65. 계해약조 vs 기유약조

계해약조		기유약조
세종(1443): 삼포개항 이후	시기	광해군(1609): 임진왜란 이후
• 교류 완화 　(대마도 정벌로 교류 제한적) • 세견선 50척, 세사미두 200석 • 대마도주에 배급(막부X)	내용	• 국교 정상화(일본 요청) 이후 • 세견선 20척, 세사미두 100석 • 서계 지참 • only 부산포

66. 비변사

	임시기구	상설기구	국정최고기구	폐지
시기	중종	명종	선조 이후	흥선대원군
배경	삼포왜란(1510)	을묘왜변(1555)	임진왜란(1592)	왕권 강화 도모

67. 이시애의 난 vs 이괄의 난

이시애의 난		이괄의 난
세조(1467)	시기	인조
• 이시애: 함경도 토착 세력 • 세조의 집권 정책에 반대 • 남이장군에 의해 진압	배경	• 이괄: 인조반정 공신 • 논공행상에 대한 불만
유향소 폐지	결과	• 인조의 공주 피난 • 잔당의 후금 行 → 후금 자극(정묘호란)

68. 정묘호란 vs 병자호란

정묘호란(1627)		병자호란(1636)
• 친명배금 정책 • 가도 사건 (명나라 장수 모문룡이 가도에 주둔)	원인	청의 군신관계 요구 거절
• 인조 강화도 피난 • 의병: 정봉수(용골산성), 이립(의주)	전개	• 인조 남한산성 피난 • 임경업(백마산성)
형제관계 수락(최명길)	결과	군신관계 수락(삼전도의 치욕)

69. 용장산성 vs 용골산성

용장산성		용골산성
삼별초 항쟁	시기	병자호란
배중손	인물	정봉수
진도	위치	철산

70. 예송논쟁

기해예송(1659)		갑인예송(1674)
효종 死 → 자의대비 상복 문제	배경	효종 비 死 → 자의대비 상복 문제
• 서인: 기년복(1년), 신권중심 • 남인: 3년복, 왕권중심	주장	• 서인: 대공복(9개월), 신권중심 • 남인: 기년복(1년), 왕권중심
서인 승리	결과	남인 승리

71. 북벌론

효종		숙종
송시열(서인)	계열	윤휴, 허적(남인)
명에 대한 의리, 복수	배경	청나라 내부 혼란(삼번의 난)
• 어영청 강화 • 나선정벌: 청의 요청 → 러시아 정벌에 조총부대 파견	결과	시행 X

72. 북관대첩비 vs 백두산정계비

북관대첩비		백두산정계비
숙종	시기	숙종(1712)
함경도 길주	위치	백두산
임진왜란 의병장 정문부 군공 기림	내용	조선과 청나라 국경선 표시 서위압록, 동위토문

73. 소현세자 vs 사도세자 vs 효명세자

	소현세자	사도세자	효명세자
父	인조	영조	순조
특징	• 병자호란: 청에 인질 • 양국 관계 정상화 노력 (심양관) • 서양문물 적극수용 (아담 샬과 교류)	• 영조의 늦둥이 아들 • 각종 기행 → 뒤주 行 • 子 정조: 수원 화성	• 대리청정 → 세도가 견제

74. 신문고

설치	시기	부활
태종		영조
폐지: 연산군		

75. 신해통공 vs 신해허통

신해통공		신해허통
정조	시기	철종
육의전 외 시전 상인의 금난전권 폐지	내용	서얼의 법적 차별 철폐 중인의 대교모 소청운동

76. 노비종모법 vs 공노비 해방

노비종모법		공노비 해방
영조(1731)	시기	순조(1801)
母: 양인 → 子: 양인 for 양인증가책 cf) 이전: 일천즉천	내용	내수사 궁방 소속만(중앙관서노비)
판부사 송시열이 아뢰었다. "이경억이 충청감사로 있을 때 상소하여 공·사노비가 양인 처를 맞이하여 낳은 자식은 남녀를 가리지 않고 한결같이 어미의 역을 따르도록 청하였습니다. 이는 일찍이 이이가 주장한 것인데 당시 조정에서 막아 시행하지 못하였습니다. 지금 양민이 날로 줄어들고 있는 것은 실로 이 법을 시행하지 않기 때문입니다. 속히 제도를 만들어 변통하소서." 이에 왕이 공·사노비의 양인 처 소생은 어머니의 역을 따르도록 법을 세우라고 명하였다. - 『현종실록』 -	사료	'노'이다 '비'이다 하여 구분하는 것이 어찌 백성을 사랑하는 뜻이겠는가. 내노비 3만 6,974구와 사노비 2만 9,093구를 모두 양민으로 삼도록 허락하고, 노비안을 거두어 돈화문 밖에서 불태우게 해라.

77. 임꺽정의 난 vs 홍경래의 난

임꺽정의 난		홍경래의 난
명종(1559)	시기	순조(1811)
백정 출신	신분	몰락 양반: 평안도 지역 차별 반대
경기, 황해도 구월산 일대 활동 → 진압	지역	청천강 이북지역 장악 → 진압
저들 도적이 생겨나는 것은 도적질하기를 좋아해서가 아니다. 굶주림과 추위에 몹시 시달리다가 부득이 하루라도 더 먹고살기 위해 도적이 되는 자가 많기 때문이다. 그렇다면 백성은 도적으로 만든 자가 과연 누구인가? 권세가의 지붙은 공공연히 벼슬을 사려는 자들로 시장을 이루고 무뢰배들이 백성을 약탈한다. 백성이 어찌 도적이 되지 않겠는가? - 『명종실록』 -	사료	반란을 일으킨 적도들은 평안도 가산읍 북쪽 다복동에서 무리를 모아 봉기하여 가산과 선천, 곽산 등 청천강 북쪽의 주요 고을들을 점령하고 기세를 떨쳤다.

78. 동서대비원 vs 동서활인서

동서대비원	계승	동서활인서
고려	시기	세조
백성의 의료와 구호, 빈민·유랑자 구휼 담당 cf) 구제도감: 재해		

79. 천상열차분야지도 vs 혼일강리역대국도지도

천상열차분야지도		혼일강리역대국도지도
태조	시기	태종
• 고구려 천문도 바탕 • 서운관에게 명하여 돌에 새겨 넣음	특징	• 동양에서 가장 오래된 세계지도 • 이슬람 영향 받은 [원] 세계지도 + 한반도 + [日] 지도 • 중국과 우리나라를 크게 그려 넣음 • 유럽, 아프리카 O / 아메리카 X

80. 최무선 vs 최해산

최무선		최해산
고려 말	시기	조선 초
화통도감(1377) 최초로 화포 사용	특징	최무선 子 태종 때 관리로 특채: 화약무기 제조

81. 화차 vs 비격진천뢰

화차		비격진천뢰
문종	시기	선조(이장손)
신기전 발사체	특징	포탄 임진왜란 때 활용

82. 계미자 vs 갑인자

계미자		갑인자
태종	시기	세종
주자소에서 인쇄	특징	밀랍 대신 식자판 조립 → 속도↑

83. 천문기구 vs 농업기구

천문기구		농업기구
• 혼천의(혼의) • 간의(혼천의 간략화)	명칭	• 인지의(원근 측량) • 규형(고저 측정)
세종	시기	세조
천문도 제작, 역법서 저술	활용	토지 측량, 지도 제작(동국지도)

84. 경천사지 10층석탑 vs 원각사지 10층석탑

경천사지 10층석탑		원각사지 10층석탑
고려 원 간섭기	시기	세조
원 라마교 영향 대리석 탑 현재 국립중앙박물관에 위치	특징	경천사지 10층석탑 계승 현재 탑골공원에 위치

85. 내불당 vs 간경도감 vs 승과 부활

	내불당	간경도감	승과 부활
시기	세종	세조	명종(문정왕후)
특징	경복궁 내 불당 → 불교 명맥 유지	불경 번역 및 간행 폐지: 성종	일시적 승과 부활 보우 중용

86. 「향약구급방」 vs 「향약집성방」 vs 「침구경험방」

	「향약구급방」	「향약집성방」	「침구경험방」
편찬	고려 고종(1236)	세종(1443)	허임(인조)
특징	강화도 대장도감에서 편찬 우리나라 최고 의학서	우리 풍토에 맞는 약재와 치료 방법	침구술 집대성

87. 「농상집요」 vs 「농사직설」 vs 「농가집성」

	「농상집요」	「농사직설」	「농가집성」
편찬	이암(충정왕)	정초(세종)	신속(효종)
특징	원 농법 소개	우리 풍토에 맞는 독자적 농법 소개	농사직설 + 금양잡록 + 구황촬요 + ㊉사시찬요초

88. 「삼강행실도」 vs 「이륜행실도」

「삼강행실도」		「이륜행실도」
세종(설순)	편찬	중종(김안국)
충신, 효자, 열녀 등의 행적	내용	연장자와 연소자, 친구 사이
그림 + 설명		

89. 「동몽선습」 vs 「격몽요결」

「동몽선습」		「격몽요결」
박세무(중종)	편찬	이이(선조)
아동용 학습서 cf)『동몽수지』: 아동용 윤리서	내용	청소년 윤리서

90. 「동국통감」 vs 「동국병감」

「동국통감」		「동국병감」
서거정(성종)	편찬	김종서(문종)
• 최초의 편년체 통사 • 『삼국사절요』+『고려사절요』 모델 • 편찬방식: 中 『자치통감』 모델로	내용	고조선~고려 말까지 중국과의 전쟁사

91. 「동국통감」 vs 「동사강목」

「동국통감」		「동사강목」
서거정(성종)	편찬	안정복(정조)
• 최초의 편년체 통사 • 고조선~고려말 cf)『삼국유사』(고조선~후삼국) 　『제왕운기』(고조선~충렬왕)	내용	• 이익 계승: 삼한정통론 • 강목체 형식의 편년체 • 신라 중심의『삼국사기』 비판 • 발해를 말갈의 역사로 기술
일찍이 세조께서, "우리 동방에는 비록 여러 역사책이 있으나 장편으로 되어 귀감으로 삼을 만한 것이 없다"라고 말씀하시고, 관리들에게 명하여 편찬하게 하였지만 제대로 이루어지지 못하였습니다. 주상께서 그 뜻을 이어받아 서거정 등에게 편찬을 명하셨습니다. … 삼국이 함께 대치하였을 때는 「삼국기」라 칭하였고, 신라가 통합하였을 때는 「신라기」라 칭하였으며, 고려시대는 「고려기」라 칭하였고, 삼한 이상은 「외기」라 칭하였습니다.	사료	삼국사에서 신라를 으뜸으로 한 것은 신라가 가장 먼저 건국되었고, 뒤에 고구려와 백제를 통합하였으며, 고려는 신라를 계승하였으므로 편찬한 것이 모두 신라의 남은 문적(文籍)을 근거로 하였기 때문이다. 그러므로 편찬한 내용이 신라에 대해서는 약간 자세히 갖추어져 있고 백제에 대해서는 겨우 세대만을 기록했을 뿐 없는 것이 많다. … 고구려의 강대하고 현저함은 백제에 비할 바가 아니며 신라가 자처한 땅의 일부는 남쪽에 불과할 뿐이다. 그러므로 김씨(김부식)는 신라사에 쓰인 고구려 땅을 근거로 했을 뿐이다.

92. 「동국여지승람」 vs 「동국문헌비고」

「동국여지승람」		「동국문헌비고」
성종	편찬	영조(홍봉한)
관찬 지리 백과 사전 (군현의 연혁, 지세, 인물, 풍속, 산물, 교통 등)	내용	한국학 백과사전 → 우리나라 각 영역 체계적 정리

93. 「고려사절요」 vs 「삼국사절요」

「고려사절요」		「삼국사절요」
문종	편찬	세조~성종 완성
• 편년체 • 고려 역사 자주적 정리	내용	• 『삼국사기』+『삼국유사』 모델 • 단군 조선~삼국멸망

94. 「삼국유사」 vs 「연려실기술」

「삼국유사」		「연려실기술」
고려 인종	시기	18C 말
일연	편찬	이긍익
• 불교사, 야사, 고대 민간 설화 → 우리 고유 문화와 전통 중시 • 신이 사관: 최초 단군신화 기록	내용	조선의 정치·문화를 실증적·객관적으로 정리한 야사 총서
임금이 장차 일어날 때는 부명(符命)을 받고 도록(圖錄)을 얻어 반드시 보통 사람과는 다른 점이 있으니, 그런 뒤에야 큰 변화를 타서 기회를 잡아 대업을 이루었다. … 삼국의 시조들이 모두 신이(神異)한 일로 탄생했음이 어찌 괴이하겠는가. 이것이 기이(紀異)편을 책 첫머리에 싫은 까닭이며, 그 뜻도 여기에 있다.	사료	각 항목마다 인용한 책을 밝혔으며, 축약하기는 하였으나 내 의견을 붙여 논평하지는 않았다. 동서 당파가 나뉜 후로 이쪽 저쪽의 기록에 헐뜯고 칭찬한 것이 서로 반대가 되는데 한쪽에만 치우치게 편찬한 경우도 많았다. 나는 모두 그대로 수록하여 독자들이 각기 옳고 그른 것을 판단하도록 맡겼다.
	기사본말체 서술	

95. 「조선왕조실록」 vs 「조선왕조의궤」

「조선왕조실록」		「조선왕조의궤」
태조~철종	시기	조선 초부터 주요행사 진행 시
• 편년체 • 사초, 시정기, 승정원일기, 일성록, 의정부등록, 비변사등록 등을 기초로 작성 • 춘추관 실록청에서 편찬 　→3년마다 포쇄 • 4대사고(춘추관, 충주, 성주, 전주) 　→ 임진왜란으로 전주 외 모두 소실 　→ 왜란 후 5대 사고(춘추관, 오대산, 태백산, 묘향산(→적상산), 마니산(→정족산))	내용	• 왕실·국가 중요 행사 내용 그림&기록 • 인원, 행사내용, 행렬배치, 의식 절차 등 • 외규장각의궤: 병인양요 때 약탈 　cf) 현존 최고 의궤 　: 의인왕후 산릉도감의궤(선조)
세계기록유산		

96. 「오례」 vs 「국조오례의」 vs 「속오례의」

	「오례」	「국조오례의」	「속오례의」
편찬	세종실록 수록	성종 신숙주 편찬 주도	영조
공통점	예법서 군례(군사), 빈례(사신접대), 길례(제사), 가례(관례·혼례), 흉례(장례)		

97. 「조선경국전」 vs 「경국대전」

「조선경국전」		「경국대전」
정도전(태조)	편찬	세조~성종 세조: 형전, 호전 / 성종: 육전 완성 cf) 「경제육전」: 조준, 최초 관찬법전
법전		

98. 「대전통편」 vs 「대전회통」

「대전통편」	편찬	「대전회통」
정조		흥선대원군
법전		

99. 「직지심체요절」 vs 「외규장각의궤」

「직지심체요절」	내용	「외규장각의궤」
• 청주 홍덕사 간행(1377, 우왕) • 현존 최고 금속활자본 • 현재 프랑스 국립도서관 보관 • 세계기록유산		• 1866 병인양요 당시 프랑스 약탈 • 2011년 임대 형식 반환

100. 설화문학

「필원잡기」		「패관잡기」
서거정(15c, 성종)	저자	어숙권(16C, 서얼출신)
고대부터의 민담 모음	특징	문벌 제도와 적서 차별의 폐단 지적

101. 몽유도원도 vs 양류관음도

몽유도원도		양류관음도
안견(세종, 도화서 출신)	작가	혜허(고려 후기 승려)
안평대군의 꿈 형상화 자연스러운 현실 세계와 환상적인 이상 세계를 능숙하게 처리	특징	관음보살도
현재 일본에 현존		

102. 궁궐

	경복궁	창덕궁	창경궁
건립시기	태조	태종	성종
특징	• 조선의 법궁 • 임진왜란으로 소실 • 흥선대원군 대 재건	• 임진왜란 이후 법궁으로 기능 • 광해군 대 재건 • 후원에 규장각 건립 • 세계문화유산	• 광해군 대 재건 • 동쪽을 바라보는 유일한 궁궐

103. 환구단 vs 대보단

환구단		대보단
고려 성종	시기	조선 숙종
왕이 하늘에 제사를 지내는 공간 cf) 대한제국 때 환구단 재건립 후 즉위식 거행	특징	명나라 황제 제사 사당 창덕궁 내 위치

104. 만동묘

설치		철폐
숙종	시기	흥선대원군
• 명나라 황제 신종·의종 사당 • 송시열 유언으로 건립 • 노론의 근거지(충청도 괴산 위치)	특징	붕당의 근거지 철폐 → 양반 반발

105. 백운동서원 vs 소수서원

백운동서원	→	소수서원
풍기군수 주세붕(중종)	건립	이황 건의 → 사액서원(명종)
최초의 서원	특징	최초의 사액서원
안향 제사		

106. 향약 vs 동약

향약		동약
재지 양반 사족들이 운영한 향촌 자치 규약		
군현	단위규모	촌락
조선전기	시기	조선후기

107. 해동공자 vs 동방의 주자

해동공자		동방의 주자
최충: 문헌공도 cf) 해동증자: 의자왕	인물	이황: 『성학십도』 cf) 동방이학의 조: 정몽주
고려 문종	시기	선조
그는 송악산 아래의 자하동에 학당을 마련하여 낙성(樂聖), 대중(大中), 성명(誠明), 경업(敬業), 조도(造道), 솔성(率性), 진덕(進德), 대화(大和), 대빙(待聘) 등의 9재(齋)로 나누고 각각 전문 강좌를 개설토록 하였다.	사료	태극도 등 10개의 그림 …바라옵건데 밝으신 임금께서는 이러한 이치를 깊이 살피시어, 먼저 뜻을 세워 "순임금은 어떤 사람이고 나는 어떤 사람인가? 노력하면 나도 순임금처럼 될 수 있다."라고 생각하십시오.

108. 호락논쟁(18C 노론 내부)

인물성이론		인물성동론
호론(호서, 충청 노론)	계열	낙론(서울, 경기 노론)
기의 차별성 강조	내용	이의 보편성 강조
북벌론 정당화: 화이론 → 위정척사 사상에 영향	영향	북학론→ 개화사상에 영향
송시열, 윤봉구, 한원진	인물	홍대용, 이간, 김창협

109. 균전론

유형원		홍대용
중농학파	학파	중상학파
신분에 따라 차등있게 토지 재분배	내용	일정 연령에 달한 남성에 토지 2결 지급 → 사후 반납
『반계수록』	서적	『임하경륜』

110. 한전론

이익		박지원
중농학파	학파	중상학파
• 토지 소유의 하한선 제한 (영업전 분배: 생계 유지를 위한 최소한의 토지, 매매 금지) • 광복 후 남한 농지개혁에 영향	내용	토지 소유의 상한선 제한
『곽우록』	서적	『과농소초』 부록 「한민명전의」

111. 정부 설치 개혁 기구

삼정이정청	교정청
임술 농민 봉기(철종)	동학농민운동 cf) 농민: 집강소

112. 서원철폐

영조		흥선대원군
붕당 철폐	목적	• 왕권강화, 민생안정 • 붕당 근거지 철폐
붕당의 폐단을 근본적으로 해결하진 못함	결과	• 600개 → 47개로 철폐 • 양반 반발, 백성 찬성

113. 이성계 4불가소 vs 최익현 5불가소

이성계 4불가소		최익현 5불가소
우왕	시기	1870년대
우왕 + 최영의 요동정벌 주장	배경	강화도 조약 반대(왜양일체론)
우왕이 최영 및 이성계를 불러 말하기를, "요동을 공격하고자 하니, 경들은 마땅히 힘을 다하라."라고 하였다. 이성계가 말하기를, "지금 군사를 출동시키는 데에는 네 가지 불가한 점이 있습니다. 작은 나라로서 큰 나라를 거스르는 것이 첫 번째 불가한 점이고 여름철에 군사를 내는 것이 두 번째 불가한 점이며, 온 나라를 들어 멀리 정벌하면 왜구가 그 빈틈을 타고 들어올 것임이 세 번째 불가한 점이고 시기가 마침 덥고 비가 와서 활에 아교가 녹아 풀어지고 대군이 전염병에 걸릴 것임이 네 번째 불가한 점입니다."라고 하였다. 우왕이 자못 그럴싸하게 여겼다. - 『고려사절요』 -	사료	첫째, 우리가 약점이 있어서 강화를 서두르는 것이라면 주도권이 그들에게 있는 것이므로 그들이 도리어 우리를 제어할 것입니다. 둘째, 일단 강화를 맺고 나면 저들의 욕심은 물화를 교역하는 데 있습니다. 저들의 물화는 모두 지나치게 사치하고 기이한 노리개로 공산품이며 그 양이 무궁합니다. 우리의 물화는 모두 백성들의 생명이 달린 것이고 땅에서 나는 것입니다. … 셋째, 저들이 비록 왜인이라고 하나 실은 양적입니다. - 『면암집』 -

114. 고문 파견

묄렌도르프		스티븐슨
1880년대	시기	1904년
임오군란 이후 청의 고문관으로 파견	계기	1904년 제1차 한일 협약 → 외교 고문으로 파견
• 전환국: 당오전 발행 주장 • 한·러수호통상조약 체결 • 동문학 설립(1883): 통역관 양성소	내용	1908.3 샌프란시스코에서 사살 by 전명운, 장인환

115. 근위대 vs 시위대 vs 친위대

	근위대	시위대	친위대
시기	갑신정변 14개조 개혁정강 中 → 시행 X	제2차 갑오개혁	을미개혁

116. 제물포조약 vs 한성조약

제물포조약		한성조약
1882년 임오군란	배경	1884년 갑신정변
• 일본 공사관에 경비병 주둔 • 배상금 55만원 • 공사관 습격 책임자 엄벌	내용	• 공사관 신축비 부담 • 배상금 13만원

117. 조청상민수륙무역장정 vs 한청통상조약

조청상민수륙무역장정		한청통상조약
1882년 임오군란 후 청의 영향력 강화	시기	1899년
• 조선이 청의 속방임을 명문화 • 치외법권, 내지통상권 허용 • 청 북양대신 = 조선 국왕	특징	• 청과 대등한 주권 국가로 체결 • 쌍무적 치외법권
전문: 이 장정은 중국이 속방을 우대하는 뜻에서 나온 만큼 다른 각국과 일체 균점하는 예와 같지 않다. 1조 청의 상무위원을 서울에 파견하고 조선의 대관을 톈진에 파견한다. 청의 북양대신과 조선 국왕은 대등한 지위를 가진다. 2조 조선에서 청의 상무위원의 치외법권을 인정한다. 4조 중국 상민은 조선의 양화진과 한성에서 행잔을 개설할 수 있다.	사료	대한국과 대청국은 우호를 돈독히 하고 피차 인민 돌보기를 절실히 원한다. 제1관 대한국과 대청국은 영원히 우호를 다지며 양국 상인과 인민이 거류하는 경우 모두 온전히 보호와 우대의 이익을 얻는다. 제5관 재한국 궁국 인민이 범법한 일이 있을 경우에는 중국 영사관이 중국의 법률에 따라 심판 처리하며, 재중국 한국 인민이 범법한 일이 있을 때에는 한국 영사관이 한국의 법률에 따라 심판 처리한다.

118. 나선정벌 vs 거문도 사건

나선정벌		거문도 사건
17세기 효종	시기	1885~1887년
• 서인 정권 유지 목적 • 명나라에 대한 의리, 복수	특징	↔ 조선 중립화론 대두(유길준, 부들러)
목적: 러시아 남하 견제		

119. 폐정개혁안 12조 vs 대한사민논설 13조

폐정개혁안 12조		대한사민논설 13조
1894년	시기	1900년
• 동학농민군 • 반봉건, 반외세 • 토지제도 개혁: 토지평균분작	주장	• 활빈당 • 토지제도 개혁: 사전 혁파, 균전법 • 금광 채굴권, 철도 부설권 허용하지 마라

120. 광혜원 vs 광제원

광혜원		광제원
1885(알렌 건의)	설립	1900(광무개혁)
최초의 근대식 병원	특징	국립병원
광혜원 → 2주 뒤 제중원 → 세브란스 병원(1904)	변천	내부병원(1899, 최초 국립병원) → 광제원 → 대한의원(1907, 관립의학교)

121. 한성전보총국 vs 한성전기회사

한성전보총국		한성전기회사
1885년	설립	1898년(황실&콜브란 합작)
전신 개통	영향	전차 개통(서대문~청량리)

122. 궁내부 vs 내장원

궁내부		내장원
제1차갑오개혁	설치	제2차갑오개혁
왕실사무·정부사무 분리 → 왕실 사무 담당	특징	• 궁내부 산하 • 광무개혁: 권한 강화(광산, 홍삼 전매)

123. 절영도 조차 vs 용암포 조차

절영도 조차		용암포 조차
1897년	시기	1903년
독립협회 반대로 철회	주제	영국, 일본의 반대로 철회
러시아가 저탄소 설치를 명분으로 조차를 요구	내용	러시아가 용암포 및 압록강 하구 강제 점령 → 러일전쟁 발발 배경

124. 은본위화폐제도 vs 금본위화폐제도

은본위화폐제도		금본위화폐제도
• 1894년 제1차 갑오개혁 • 신식 화폐 발행 장정 제정	시기	• 시도 노력: 광무개혁 • 실시: 1905년 화폐정리사업

125. 노비세습제 폐지 vs 공사노비 폐지

노비세습제 폐지		공사노비 폐지
1886년 고종	시기	1894년 제1차 갑오개혁

126. 통감부 권한

외교권 관장	배경	인사권 관장
1905년 을사늑약	배경	1907년 한일신협약(정미7조약)
외교권 박탈	결과	차관 정치: 일본인 차관 임명

127. 양전지계사업 vs 통감부 토지 가옥 증명 규칙

양전지계사업		토지 가옥 증명 규칙
1898년 양지아문 1901년 지계아문	시기	1906년
근대적 토지 소유권 제도 확립 전국적 실시 X → 러일전쟁으로 중단	특징	외국인의 국내 부동산 소유 인정 cf) 이전: 개항장 등 특정 지역 국한

128. 자결

	민영환	박승환	환현
사유	을사늑약	시위대 대대장 한일신협약으로 인한 군대 해산	한일병합조약
사료	오호라! 나라의 수치와 백성의 욕됨이 이에 이르니 우리 인민은 장차 경쟁에서 진멸될 것이로다. 무릇 살려고 하는 자는 반드시 죽고 죽음을 기약하는 자는 삶을 얻으리니 여러분은 나의 행동을 이해해주길 바란다. 나 영환은 한 번 죽음으로써 황은에 보답하고 2,000만 동포에게 사죄하노니 나는 죽어도 죽지 않는 것이다.	박승환은 병대(兵隊)에 대한 해산 소식을 듣고 통곡하며 부하들에게 말하기를, "이제 국가가 망하였는데도 일본인 하나를 죽이지 못하였으니 죽어도 그 죄를 씻지 못할 것이다. 나는 차마 제군들이 병대를 떠나도록 놓아둘 수 없다. 차라리 내가 죽고 말겠다."라고 하면서 결국 자결하였다.	백발이 성성한 나이에 난리를 만나/ 몇 번이고 죽어야 마땅한 것을 오늘 죽는 것은 어쩔 수 없지만/ 바람에 흔들리는 촛불만이 아득한 하늘을 비추네 요사스러운 기운이 가리워 임금별은 옮겨가고/ 궁궐은 침침하여 날이 새기도 더디구나 임금의 명령문서는 지금부터 다시 없을 것이라/ 옥 같은 한 장 종이에 눈물이 천 줄이로다.

129. 13도 창의군 vs 13도 의군

13도 창의군		13도 의군
1907년 정미의병	시기	1910년
• 총대장 이인영, 군사장 허위 • 서울진공작전 → 실패	내용	• 도총재 유인석 • 연해주(블라디보스토크) • 국내침투작전 계획

130. 국가총동원법 vs 국민총력조선연맹

국가총동원법		국민총력조선연맹
1938년	시기	1940년
인적·물적 자원 수탈	내용	• 총독부 주도 • 대표: 정무총감 • 일제 말기 국가적 조직의 친일 단체 • 중앙+지방조직 → 최하위 조직: 애국반

131. 근로보국대 vs 근로정신대

근로보국대		근로정신대
1938년	시기	1944년
• 여성, 학생 노동력 수탈 목적 (징용 제외 대상) • 몸뻬 착용 • 지역에서 노동	내용	• 미혼 여성 강제 징용 • 타지 공장에서 노동

132. 궁성요배 vs 신사참배

궁성요배		신사참배
1940년대(중일전쟁 이후)	시기	1940년대(중일전쟁 이후)
일왕 궁성 향해 절하도록 강요	내용	• 신사: 日 왕실 조상신 or 국가 공로자 안치 • 전국 곳곳에 신사 건립 → 참배 강요

133. 조선 사상범 보호관찰령 vs 조선 사상범 예방 구금령

조선 사상범 보호관찰령		조선 사상범 예방 구금령
1936년	시기	1941년
cf) 치안유지법: 1925년		

134. 대동단결선언 vs 대한독립선언

대동단결선언		대한독립선언
1917년	시기	1919년
신규식, 박은식, 신채호 등 상하이 교포	주도	박은식, 신채호 등 만주 길림성 교포
• 국민주권론(공화주의) • 주권불멸론	내용	• 별칭: 무오독립선언 • 폭력의지를 천명한 독립선언서 • 2·8독립선언과 3·1운동에 영향
융희 황제가 삼보(토지, 인민, 정치)를 포기한 8월 29일은 즉 우리 동지가 삼보를 계승한 … 우리 동지는 완전한 상속자니 저 황제권 소멸의 때가 즉 민권 발생의 때요, 구한국 최후의 날은 즉 신한국 최초의 날이니 …	사료	봉기하라! 독립군들아 일제히 독립군은 천지를 휩쓸라! 한 번 죽음은 인간의 면할 수 없는 바이니, 개 돼지와 같은 인생을 누가 구차히 도모하겠는가? 살신성인하면 2천만 동포는 하나되어 부활하니 … 육탄혈전으로 독립을 완성하라.

135. 한국독립군 vs 한국광복군

한국독립군		한국광복군
1930년대 활동	시기	1940
만주 한국독립당	소속	충칭 한국독립당(임시정부)
사령관 지청천	인물	• 사령관 지청천 • 부사령관 김원봉(42년 합류) • 참모장 이범석
• 쌍성보 전투(1932) • 사도하자 전투(이하 1933) • 대전자령 전투 • 동경성 전투	활동	• 대일·대독 선전포고 • 한중연합작전 • 미얀마·인도 전선 참여 • OSS 지원 → 비행대 편성 • 국내침투작전계획 but 실패

136. 대한광복회 vs 대한광복군정부

대한광복회		대한광복군정부
1915~1918년(대구)	시기	1914년(연해주)
박상진, 김좌진	인물	정통령 이상설, 부통령 이동휘
• 친일파 색출 및 처단 • 군자금 모금 • 만주에 무관학교 설립 시도 • 목표: 공화정	활동	• 공화정 목표 • 권업회 인사들 주도

137. 한국국민당 vs 민족혁명당

한국국민당		민족혁명당
1935년	수립	1935년
중국 항저우	위치	중국 난징
김구 중심의 임시정부 인사	인물	김원봉(의열단, 좌) + 조소앙(한국독립당, 우) + 지청천(조선혁명당, 우)
임시정부 해체 반대파	특징	• 중국 관내 최대 규모 통일 전선 정당 • 김구 등 임시정부 유지 주장 세력 참여 X
김구(한국국민당) + 조소앙(한국독립당) + 지청천(조선혁명당) → 한국독립당(1940, 우익세력 통합)	변화	• 내부 갈등으로 조소앙, 지청천 등 탈당 → 통일 전선 성격 ↓ • 중일전쟁 발발 전 조선민족혁명당으로 개편 → 조선민족전선연맹 결성(1937)

138. 김지섭 vs 이봉창

김지섭		이봉창
1924년	시기	1932년
의열단	소속	한인애국단
도쿄에서 궁성 폭파 시도	활동	도쿄에서 일왕 폭살 시도

139. 찬양회 vs 근우회

찬양회		근우회
1898년	시기	1927~1931년
• 한국 최초 여성운동 단체 • 서울 북촌 양반부인 • 여권통문 발표: 여권 선언문 • 순성여학교 설립: 한국인이 세운 최초 여자 사립 학교	소속	• 김활란 • 좌우합작 여성 단체 • 신간회 자매단체
이목구비와 사지오관 육체에 남녀의 차이가 있는가. 어찌하여 사내가 벌어주는 것만 앉아서 먹으며 평생을 깊은 골방에 갇혀 남의 절제만 받을 것인가! 우리보다 먼저 문명이 개화한 나라들을 보면 남녀의 권리가 동등하다.	활동	우리가 실지로 우리 자체를 위하여 우리 사회를 위하여 분투하려면 우선 조선 자매 전체의 역량을 공고히 단결하여 운동을 전반적으로 전개하지 아니하면 아니된다. 일어나라! 오너라! 단결하자! 분투하자! 조선 자매들아! 미래는 우리의 것이다.

140. 신민회 vs 신간회

신민회		신간회
1907년~1911년	시기	1927년~1931년
• 안창호, 양기탁 등 • 비밀결사 • 공화정 목표 • 교육: 대성학교, 오산학교 • 산업: 태극서관, 자기회사 • 언론: 「대한매일신보」 • 해산: 105인 사건(1911)	내용	• 배경: 정우회선언(1926) • 합법적 사회단체 • 강령: 민족단결, 기회주의자 배격 정치·경제적 각성 촉구 • 원산 노동자 총파업(1929) 광주학생항일운동 조사단 파견(1927) • 해체: 조직의 우경화 → 좌익 반발

141. 국채보상운동 vs 물산장려운동

국채보상운동		물산장려운동
1907년(대구)	시기	1920년(평양) → 1923년(서울)
서상돈, 김광제	주도	조만식, 지주·자본가(우익)
화폐정리사업 → 대규모 차관 도입	배경	회사령 철폐(1920), 관세 철폐(1923) → 日 상품 조선 유입 ↑
• 홍보: 대한매일신보 등 • 금주, 금연, 패물 수합 → 모금운동	내용	• 구호: 조선 사람, 조선 것, 내 살림 내 것으로, 우리가 만든 것 우리가 쓰자. • 국산품 애용 운동
통감부의 탄압	결과	• 좌익(민중) 반대 : 자본가 계급을 위한 운동이라 비판 • 국산품 가격 폭등

142. 민립대학설립운동 vs 문맹퇴치운동

민립대학설립운동		문맹퇴치운동	
		문자보급운동	브나로드운동
1920년대 초반	시기	1929~1934년	1931~1934년
이상재 중심 조선교육회(1920) → 조선민립대학기성회(1923)	주도	조선일보	동아일보
모금운동 "1천만이 1원씩"	내용	• '아는 것이 힘, 배워야 산다' • 한글교재 배부	• '민중 속으로' • '배우자! 가르치자! 다함께 브나로드!'
• 모금 부진 • 일제의 방해 : 경성제국대학(1924)	결과	1935년 문맹퇴치운동 금지	

143. 육영공원 vs 경성제국대학

육영공원		경성제국대학
1886년	시기	1924년
조선 정부	설립주체	조선총독부
• 최초 공립 학교 cf) 최초 근대식 사립 학교: 원산학사(1883) • 외국어 교육 : 헐버트 등 외국인 교사 초빙	내용	• 민립대학설립운동 무마하기위해 설립

144. 잡지「소년」vs 잡지「어린이」

「소년」		「어린이」
1908년	시기	1923년
최남선	주도	천도교 소년회(방정환) cf) 조선소년연합회(1927년)
• 최남선「해에게서 소년에게」 : 신체시 → 근대성 추구	내용	• 최초 순수 아동 잡지 • '어린이' 용어 최초 사용 cf) 어린이날 제정: 1922년

145. 포츠머스조약 vs 포츠담회담

포츠머스조약		포츠담 회담
1905년	시기	1945년
• 러일전쟁 결과 • 을사늑약 체결 직전 　일본의 한국 지배 묵인	내용	• 미, 영, 중, 소 • 한국 독립 재약속 • 일본 무조건 항복 권고

146. 대한광복회 vs 조선건국준비위원회

대한광복회		조선건국준비위원회
1915~1918년(대구)	시기	1945년 8월 15일
박상진, 김좌진	인물	여운형, 안재홍
• 친일파 색출 및 처단 • 군자금 모금 • 만주에 무관학교 설립 시도 • 목표: 공화정	강령	• 완전한 독립국가의 건설 • 민주주의 정권의 수립 • 일시적 과도기에 대중의 생활 확보

147. 미소공동위원회 vs 좌우합작위원회

미소공동위원회			좌우합작위원회
1차: 1946.3	2차: 1947.5	시기	1946.7
미: 신탁통치 지지 단체+ 반탁단체 소: 모스크바 결정지지 단체만		주장	• 여운형(중도좌파), 김규식(중도우파) • 좌우합작7원칙 발표(1946.10) 　일단합쳐 좌우를! 　다시미소 머금고! 　사서뿌려 토지를! 　친일처단 을위해! 　입법기구 만들자!
무기휴회	실질적 결렬 → 한반도 문제 UN 상정	결과	• 미군정청: 지지하다가 철회 • 민중 지지X • 여운형 피살

148. 좌우합작운동 vs 남북협상

좌우합작운동		남북협상
1946.7	시기	1948.4
여운형, 김규식	인물	김구, 김규식
• 좌우합작위원회 구성 • 좌우합작 7원칙 발표 일단합쳐 좌우를! 다시미소 머금고! 사서뿌려 토지를! 친일처단 을위해! 입법기구 만들자!	내용	• 남한 단독 선거 반대 • 5·10 총선거 불참(김구, 김규식, 조소앙) • 4김회담 개최: 미소 양군 철수 주장
여운형 피살로 흐지부지	결과	성과 X

149. 제주 4·3 사건 vs 여수·순천 10·16 사건

제주 4·3 사건		여수·순천 10·16 사건
좌익 세력 + 제주 민중 → 남한 단독 선거 반대 + 미군 철수 주장	주도	제주 진압 명령을 거부한 좌익 군인
• 미군정청의 과잉진압 • 5·10 총선거 부분 실시	결과	• 이승만 정부의 진압 • 일부 세력: 지리산 빨치산 활동 • 국가보안법 적용(1948. 12) for 군대 內 좌익 세력 제거

150. 농촌진흥운동 vs 새마을운동

농촌진흥운동		새마을운동
1932~1936(실질적) ~1940(법적)	시기	박정희 정부(1970)
• 춘궁퇴치, 차금예방 • 조선 농민 회유 목적 • 조선농지령(1934, 소작기간 최소 보장)	내용	• 정부 주도의 농어촌 근대화 운동 • 근면·자조·협동
실효성 X	한계	장기집권 정당화 수단으로 이용

151. 한반도비핵화선언 vs 북·미 제네바 기본합의서

한반도비핵화선언		북·미 제네바 기본합의서
1992년(노태우 정부)	시기	1994년(김영삼 정부)
• 남북고위급회담(1990.09.) • 남북 UN 동시 가입(1991.09.) • 남북기본합의서(1991.12.)	배경	북한의 핵확산금지조약(NPT) 탈퇴 (1993.03.) → 남북관계 악화
• 핵무기의 시험·제조·생산·보유 금지 • 핵의 평화적 이용 • 비핵화에 대한 상호사찰	내용	• 美 카터 - 北 김일성 • 핵 동결 대가로 경수로 제공 보장 • 한반도 에너지 개발 기구(KEDO) 수립 (1995)

152. UN총회 결의안 제195호 vs 한일기본조약

UN총회 결의안 제195호		한일기본조약
1948년 12월	시기	1965년 6월(박정희 정부)
대한민국이 선거가 가능했던 지역에서 유일한 합법정부임을 승인	내용	• 김종필·오히라 각서(1962) • 6·3시위(1964): 굴욕외교 반대 　　　　　　　민족적 민주주의 장례식 → 계엄령·위수령 선포, 시위 강제진압 • 식민지 지배에 대한 사과 등 해결X
UN 한국위원단이 총선거 감시와 협의를 할 수 있었던 그 지역에서 효과적으로 통제 및 사법권을 보유한 합법정부가 수립되었으며, … (중략) … 한국위원단은 지난번 한국 인민의 자유로 표현된 의사에 기초하여 장차의 대의정부 발전에 유용한 감시와 협의를 수행할 것이다.	사료	제2조 1910년 8월 22일 및 그 이전에 대한제국과 일본 제국 간에 체결된 모든 조약 및 협정이 이미 무효임을 확인한다. 제3조 대한민국 정부가 국제연합 총회의 결의 제195(Ⅱ)호에 명시된 바와 같이 한반도에 있어서의 유일한 합법정부임을 확인한다.

153. 신한공사 vs 중앙토지행정처

신한공사		중앙토지행정처
1946년 2월	시기	1948년 3월
미 군정 부속기관	개념	신한공사 해체 후 중앙토지행정처로 개편
동·척 & 일본인 재산 관리	활동	귀속농지 소작 농민에게 매각

아리까리한 지역사

1. 의주(흥화진)

선사	의주 미송리 동굴 유적에서 미송리식 토기가 처음 출토되었다.
고려	• 의주(흥화진)는 거란의 1차 침입(993) 당시 서희의 외교담판으로 획득한 강동 6주 중 하나다. • 거란 2차 침입 당시 흥화진은 양규의 항전으로 함락되지 않았다.(1010) • 거란 3차 침입 당시 강감찬은 흥화진에서 수공(水攻)을 펼쳤다.(1018) • 거란·여진 등 북방민족과의 무역장인 각장이 설치되었다.
조선	• 임진왜란 때 선조는 의주로 피난을 떠났다. • 정묘호란 당시 이립이 의주에서 의병을 일으켰다. • 병자호란 당시 임경업이 백마산성을 지키고 있었으나 청군은 우회하여 한양을 점령하였다. • 몰락 양반 홍경래는 난을 일으켜 청천강 이북 지역을 장악하였다. 의주를 공략하였으나 관군에게 밀리고 말았다. • 대표적인 사상인 만상은 의주를 근거지로 청과의 무역에 참여하였다.
현대	6·15 남북정상회담에서 경의선 복원이 합의되었다.(2000)
사료	●**흥화진 전투(1018)** 왕은 평장사 강감찬을 상원수로 삼고 대장군 강민첨으로 하여금 그를 보좌하게 하여 병사 208,300명을 거느리고 영주(寧州)에 두둔하게 하였다. 흥화진에 이르자 기병 12,000명을 선발하여 산골짜기 한가운데에 매복시키고 또한 굵은 줄로 쇠가죽을 꿰어서 성 동쪽의 큰 강을 막고서 적군을 기다리다가, 적군이 이르자 막았던 강을 터뜨리고 복병들을 내보내서 적을 크게 격파하였다. — 『고려사절요』 ●**홍경래의 난(1811)** 평서대원수는 급히 격문을 띄우노니 관서의 부로와 자제와 공·사 천민들은 모두 이 격문을 들으라. 무릇 관서는 성인 기자의 옛터요 단군 시조의 옛 근거지로서 의관이 뚜렷하고 문물이 아울러 발달한 곳이다. … 그러나 조정에서 관서를 버림이 분토와 다름 없다. 심지어 권세 있는 집 노비들도 서토의 사람을 보면 반드시 "평안도 놈"이라 말한다. 어찌 억울하고 원통하지 않은 자가 있겠는가. … 지금 임금이 나이가 어려 권세 있는 간신배가 그 세를 날로 떨치고 김조순·박종경의 무리가 국가 권력을 오로지 갖고 노니 어진 하늘이 재앙을 내린다. — 『패림』

2. 원산

고려	원 간섭기 쌍성총관부 관할 지역이었으나 공민왕 때 수복되었다.
조선	• 강화도 조약 체결로 개항하였다.(1880) • 최초의 근대적 사립학교인 원산학사가 설립되었다.(1883)
일제 강점기	• 경원선 철도가 개통되었다.(1914) • 원산 노동자 총파업이 발생했다.(1929)
사료	●원산 노동자 총파업(1929) 문평 라이징 선 석유 회사의 일본인 감독 고다마가 조선인 노동자를 구타한 사건이 발생하자, 이에 분노한 노동자들은 열악한 노동 조건 개선과 감독 파면을 요구하면서 파업을 벌였다. 이는 이후 원산 지역 노동자들의 대규모 총파업으로 발전하였다.

3. 평양

고구려	• 백제 근초고왕의 침입으로 평양성에서 고국원왕이 전사하였다. • 장수왕은 남진 정책의 일환으로 평양으로 천도한 후 안학궁을 건립하였다.
고려	• 고려 정종은 도참설에 따라 서경성을 쌓고 천도를 시도했으나 실패하였다.(947) • 성종은 서경에 개경 관아를 모방하여 분사를 정비하고 우대하였다. • 숙종은 평양에 기자사당을 설치하였다. • 묘청 등의 서경 세력은 풍수지리설을 근거로 서경에 대화궁을 건립(1128)하고 서경으로 천도할 것을 주장하였으나 개경파에 의해 좌절되었다. • 묘청은 서경 천도를 통한 정권 장악이 어려워지자 난을 일으켰으나 김부식에 의해 진압당했다.(1135) • 서경 유수 조위총은 지방군과 농민을 이끌고 중앙 무신들에게 항거하였으나 실패하였다.(1174, 정중부 집권기) • 고구려 부흥을 표방한 최광수의 난이 일어났다.(1217, 최충헌 집권기) • 원 간섭기 동녕부가 설치되었다.
조선	• 임진왜란 당시 조선의 유성룡과 명의 이여송이 이끄는 조·명 연합군이 평양성을 탈환하였다. • 평양 감사였던 박규수는 미국의 제너럴셔먼호를 화공으로 불태웠다.(1866) • 문화유산: 보통문(15C)
대한제국	• 청일전쟁 당시 평양에서 일본이 청군을 격파하였다.(1894) • 신민회의 안창호는 평양에 대성학교를 설립하여 교육 진흥에 힘썼다.(1908)
일제 강점기	• 숭의여학교 교사와 학생들은 비밀결사인 송죽(형제회)를 조직하였다.(1913) • 대성학교 출신 인사들이 비밀결사 단체 기성(볼)단을 조직하였다.(1914) • 물산장려운동은 조만식 등을 중심으로 평양에서 시작되었다.(1920)
현대	• 김구와 김규식은 UN의 남한 단독선거 결정에 반대하여 평양에서 김일성, 김두봉과 남북 지도자 회의를 진행하였으나 성과를 거두지 못했다.(1948) • 대한민국 국군은 10월 19일 평양을 탈환하였으나, 10월 24일 온정리 전투를 시작으로 중국인민지원군이 한국전쟁에 개입하였다.
사료	● **서경세력의 주장** 묘청 등이 국왕에 건의하기를, "신 등이 볼 때, 서경(평양) 임원역의 땅은 음양가들이 말하는 대화세(大華勢)라, 만약 이곳에 궁궐을 세워 옮기시면 가히 천하를 합칠 수 있습니다. 또한, 금이 폐백을 바치고 스스로 항복할 것이며, 주변 36개국이 모두 신하가 될 것입니다."라고 주장하였다. - 「고려사」

4. 개성(송악)

후고구려	궁예가 송악에서 후고구려를 건국하였다.(901)
고려	• 고려를 세운 왕건은 자신의 세력 근거지였던 송악으로 천도하였다.(919) • 거란 침입 후 강감찬의 건의로 개경 주변에 나성을 축조하였다.(1029) • 최충헌의 사노비인 만적은 신분 차별에 항거하며 개경에서 정권 탈취를 시도하였다. (1198, 최충헌 집권기) • 고려 왕실은 몽골과 강화를 맺고 개경으로 환도하였다.(1270) • 문화유산: 만월대, 불일사 5층 석탑, 현화사 7층 석탑
조선	개성을 근거지로 활동한 송상은 전국에 '송방'이라는 지점을 설치하여 활동 기반을 강화하였다.
현대	• 6·25전쟁 휴전 회담은 개성에서 시작(1951.7.)하였으나 이후 판문점으로 옮겨 회담을 진행하였다. • 6·15 남북공동성명 발표 이후 개성공단 건설 사업이 착수되었다.(2002) cf) 개성공단 착공식(2003) • 개성 관광 사업이 시작되었다.(2007)
사료	●**만적의 난(1198)** 국가에서 경계 이래 고관이 천민계급에서 많이 나왔으니, 장상이 어찌씨가 따로 있으랴. 때가 오면 누구나 할 수 있는 것이다. 우리는 힘써 일하고도 매만 맞고 살아야 하는가? 주인을 죽이고 노비 문서를 불살라서 삼한으로 하여금 천민이 없게 하면 공경장상은 모두 우리가 얻어야 할 것이다. -「고려사」

5. 강화도

선사	문화유산: 고창·화순·강화 고인돌 유적(세계문화유산)
통일신라	문성왕은 강화도에 혈구진을 설치하여 지방 세력을 견제하려 하였다. (844)
고려	• 최우는 몽골의 무리한 조공 요구와 간섭에 반발하여 강화도로 수도를 옮겼다. (1232) • 강화도에 대장도감을 설치(1236)하여 『재조대장경』, 『향약구급방』을 편찬하였다. • 삼별초는 무신 정권의 붕괴와 몽골과의 굴욕적 강화 체결에 반발하여 배중손의 지휘 아래 반기를 들었다. 이들은 강화도에서 진도, 제주도로 근거지를 옮겨 가며 장기적인 항전을 전개하였다.
조선	• 정묘호란이 발발하자 인조는 강화도로 피난하였다. • 병자호란이 일어나자 봉림대군과 왕실은 강화도로 피난하였으나 청에 함락당했다. cf) 인조·소현세자: 남한산성 피난 • 광해군 대 강화도 마니산에 사고를 설치하였다가 이괄의 난 이후 정족산으로 옮겼다. • 정조는 왕실 관계 서적 등의 안전한 관리를 위하여 강화도에 규장각의 부속 도서관인 외규장각을 설치하였다. (1782) • 철종은 강화도에 살아 강화도령이라 불렸다. • 양명학을 본격적으로 연구한 정제두가 강화도로 옮겨 살며 강화학파를 이루었다. • 병인양요 당시 문수산성에서 한성근, 정족산성에서 양헌수가 프랑스군을 격퇴하였다. (1866) • 신미양요 당시 광성보에서 어재연이 격렬하게 항전하였다. (1871) • 일본 군함 운요호가 강화도 해역을 침범하여 조선의 포격을 유도한 뒤 강화도 초지진과 영종도를 공격하였다. (1875) • 일본은 운요호 사건을 구실로 포함 외교를 전개하였고, 그 결과 강화도 조약을 체결하였다. (1876)
사료	●강화 천도(1232, 고종 19) 을유에 왕이 개경을 출발하여 승천부에 이르고 병술에 강화의 객관에 들었다. 이때 장마가 열흘이나 계속 되어 진흙길이 발목까지 빠져서 사람과 말이 쓰러졌다. 고관이나 양가의 부녀들로서 맨발로 업고 이고 하는 자가지 있었다. 환과고독(鰥寡孤獨)으로서 갈 바를 잃고 소리 내어 슬피 우는 자가 이루 헤아릴 수 없었다. 　　　　　　　　　　　　　　　　　　　　　　　　　　　　　　　　－『고려사절요』 ●정제두의 주자학파 비판 나의 학문은 안에서만 구할 분이고 밖에서는 구하지 않는다. … 그런데 오늘날 주자를 말하는 자들로 말하면, 주자를 배우는 것이 아니라 다만 주자를 빌리는 것이요, 주자를 빌릴 뿐만 아니라 곧 주자를 부회해서 자기들의 뜻을 성취하려 하고 주자를 끼고 위엄을 지어 자기들의 사욕을 달성하려 할 뿐이다. 　　　　　　　　　　　　　　　　　　　　　　　　　　　　－『하곡집』 권9, 존언

6. 공주

선사	공주 석장리 유적은 남한에서 최초로 발굴된 구석기 유적이다.
백제	• 장수왕의 침입으로 한성이 함락되자 문주왕 대 웅진으로 천도하였다.(475) • 문화유산: 송산리 고분군(무령왕릉), 백제 역사 유적 지구(세계문화유산)
통일신라	웅천주 도독 김헌창이 아버지 김주원이 원성왕에 밀려 왕이 되지 못한 데 불만을 품고 반란을 일으켰으나 실패하였다.(822)
고려	공주 명학소에서 망이·망소이가 신분 해방을 외치며 봉기하였다. 이후 명학소를 충순현으로 승격시켰다.(1176, 정중부 집권기)
조선	• 이괄의 난이 발발하자 인조는 공주로 피난하였다.(1624) • 남접과 북접의 연합부대를 결성한 동학 농민군은 서울로 북상하던 중 공주 우금치 전투에서 패하였다.(1894)
사료	● 김헌창의 난(822) – 선덕이 돌아가고 아들이 없었으므로 신하들이 후임자를 의논하여 왕의 조카 주원을 세우려고 하였다. … "오늘 폭우가 쏟아진 것은 하늘이 혹시 주원을 세우는 것을 원하시지 않기 때문이 아닐까? 지금 상대등 경신은 전왕의 아우로 평소 덕망이 높았으며 임금의 풍채를 갖추었다."고 하였다. 이에 여러 사람의 의논이 일치하여 경신을 세워 왕위를 잇게 하였다. – 헌덕왕 14년(822), 웅천주 도독 헌창은 아비 주원이 앞서 왕위에 오르지 못한 것을 이유로 반란을 일으켜 국호를 장안(長安)이라 하고 건원하여 경운(慶雲) 원년이라 하였다. – 「삼국사기」 ● 망이·망소이의 난(1176) 망이가 무리를 불러 모아 산행병마사라 칭하고 공주를 공격하여 함락시켰다. … 망이 등이 다시 봉기하여 홍경원을 불태우고 기거하는 승려 10여 인을 죽였으며, 주지를 핍박하여 글을 가지고 개경으로 가게 하였다. 그 글에 "이미 우리 고을을 현으로 승격시키고 수령을 두어 위로하다가, 다시 군사를 보내 우리 어머니와 처를 붙잡아 가두니 그 뜻이 어디에 있는가? 차라리 창칼 아래 죽을지언정 항복하여 포로는 되지 않을 것이며, 반드시 왕에 쳐들어가고야 말 것이다."라고 하였다. – 「고려사」

7. 충주

고구려	충주(중원) 고구려비는 한반도에 있는 유일한 고구려 비석으로 5C 장수왕 대 고구려가 한강 유역을 확보했음을 알려준다.
신라	• 진흥왕 대 대가야 우륵이 충주 탄금대에서 가야금을 연주했다는 기록이 있다. • 진흥왕 대 충주에 국원소경을 설치(557)하였고, 통일 후 중원경으로 개칭하였다. • 문화유산: 탑평리 7층 석탑(원성왕)
고려	몽골의 6차 침입 당시 충주 다인철소 주민들이 몽골군을 격퇴하였다. 그 공훈으로 다인철소를 익안현으로 승격하였다.
조선	• 세종 대 실록을 보관하고자 충주에 사고를 설치하였으나 임진왜란 때 소실되었다. • 임진왜란 발발 당시 제승방략 체제 하에 관군이 충주 탄금대에 집결하여 신립의 지휘에 따라 싸웠으나 왜군에 패하였다. • 충청도와 경상도의 세곡을 운송하고자 충주에 가흥창을 설치하였다.

8. 청주

통일신라	• 통일신라 5소경 중 하나인 서원경이 위치하였다. • 서원경 부근의 4개 촌락을 조사한 민정문서가 발견되었다.
고려	청주 흥덕사에서 『직지심체요절』을 간행하였다.(1377)
조선	영조 즉위 초 영조의 정통을 부정하고 노론 정권에 반대하여 이인좌 등이 청주에서 난을 일으켰다.(1728)
사료	●이인좌의 난(1728) 적이 청주성을 함락시키니, 절도사 이봉상과 토포사 남연년이 죽었다. 처음에 적 권서봉 등이 양성에서 군사를 모아 청주의 적괴 이인좌와 더불어 군사 합치기를 약속하고는 청주 경내로 몰래 들어와 거짓으로 행상(行喪)하여 장례를 지낸다고 하면서 상여에다 병기를 실어다 고을 성 앞 숲속에다 몰래 숨겨 놓았다. — 『조선왕조실록』 영조 4년 3월

9. 전주

후백제	견훤이 완산주에 후백제를 건국하였다.(900)
고려	무신정권 경대승 집권기에 전주 관노의 봉기가 일어났다.(1182)
조선	• 세종 대 전주 사고를 설치하였으며, 임진왜란 당시 유일하게 피해를 입지 않았다. • 동학농민군과 관군이 전주성에서 전주 화약을 체결하였다.(1894)
사료	●전주 관노의 난(1182, 죽동의 난) 기두(旗頭) 죽동(竹同) 등 6명이 관노와 여러 불평자들을 불러 모아 난을 일으켜, 진대유를 산속의 절간으로 쫓아내고 이택민 등 10여 명의 집을 불태우니 향리들이 모두 도망치고 숨었다. ●전주화약(1894) 피고(전봉준) 등은 전운소를 없앨 것, 보부상의 폐해를 금지할 것, 전의 감사가 이미 거둔 환전(還錢)을 다시 거두지 말 것, 대동 상납 전에 각 포구 잠상들의 미곡 무역을 금지할 것, 동포전은 매호 춘추로 2냥씩으로 정할 것, 탐관 오리는 모두 파출시킬 것, 임금의 총명을 가로막고 매관매직하여 국권을 조롱하는사람을 모두 몰아낼 것, 관장이 된 자는 경내에 무덤을 쓰지 못하고 논을 마련하지 못하게 할 것, 전세는 예전대로 할 것, 연호(煙戶)의 잡역을 적게 할 것, 포구에서 어염세를 혁파할 것, 원세(願稅)나 궁수전(宮水田)을 시행하지 말 것, 각 고을 수령이 내려와 백성의 땅에 함부로 묘를 만들지 못하게 할 것 등 27개조 청원을 당국에 아뢰어 줄 것을 논하였다. 초토사(홍계훈)가 바로 이를 승낙하였으므로 피고는 5월 5, 6일 경 모두 그 무리를 해산하였다. – 검찰청 소장 「전봉준 판결문」

10. 나주

후고구려	왕건은 후백제를 공격하여 나주(금성)지역을 점령하였다.(903)
고려	• 거란 2차 침입 당시 현종은 나주로 피난을 떠났다. • 우왕 때 정도전은 이인임 등의 친원배명 정책에 반대해 나주로 유배를 갔다.
조선	• 임진왜란 당시 김천일이 의병을 일으켰다. • 영조 때 소론인 윤지 일파가 노론을 제거하기 위해 민심을 동요시키고자 나주 객사에 나라를 비방하는 괘서를 붙였다가 발각되었다.(나주 괘서 사건, 1755)

11. 강진

고려	• 요세는 강진 만덕사(백련사)에서 천태종을 중심으로 백련결사를 제창하였다.(1216) • 강진과 부안은 좋은 흙이 생산되어 상감청자 도요지로 유명하다.
조선	• 정약용은 강진의 다산 초당에 유배되었을 당시 실학을 집대성하였다. • 문화유산: 무위사 극락전(15C 주심포 양식)
사료	백련 결사 대사는 『묘종』을 설법하기 좋아하여 언변과 지혜가 막힘이 없었고 대중에게 참회 수행을 권하였다. … 왕공대인과 지방 수령, 높고 낮은 사부 대중 가운데 결사에 들어온 자들이 300여 명이나 되었고, 가르침을 전도하여 좋은 인연을 맺은 자들이 헤아릴 수 없이 많았다. – 『동문선』

12. 익산

삼국	• 백제 무왕은 익산으로 천도를 시도하였으나 실패하였다.(7C) • 문화유산: 미륵사지 석탑, 왕궁리 유적
통일신라	• 신라는 안승을 회유하여 금마저(익산)에 머물게 하고 보덕국왕으로 삼았다.(674) 그리고 고구려 유민을 모아 고구려 부흥운동 세력을 지원하며 당을 몰아내려 했다.
고려	문화유산: 왕궁리 5층 석탑
현대	익산 자유무역지역 지정(+마산)
사료	●미륵사지 석탑 사리봉안기 우리 왕후께서는 좌평 사택적덕의 따님으로 지극히 오랜 세월에 선인(善因)을 심어 이번 생에 뛰어난 과보를 받아 만민을 어루만져 기르고 삼보(三寶)의 동량(棟梁)이 되셨기에 능히 가람을 세우시고, 기해년 정월 29일에 사리를 받들어 맞이하셨다. 원하옵나니, 영원토록 공양하고 다함이 없이 이 선(善)의 근원을 배양하여, 대왕 폐하의 수명은 산악과 같이 견고하고 치세는 천지와 함께 영구하며, 위로는 정법을 넓히고 아래로는 창생을 교화하게 하소서.

13. 安東

고려	• 왕건과 고려군은 고창(안동)에서 후백제군을 격파하였다.(930) • 홍건적 2차 침입 당시 개경이 함락되자 공민왕은 복주(안동)으로 피신하였다.(1361) • 문화유산: 봉정사 극락전(13C, 주심포 양식, 현존 최고 목조 건축물), 이천동 마애 여래 입상
조선	• 문화유산: 하회마을(+ 경주 양동마을 → 세계문화유산), 도산서원(이황), 병산서원(유성룡)
사료	● **고창전투(930)** 병술 왕이 스스로 군사를 거느리고 고창군의 병산에 진을 치고 견훤은 석산에 진을 치니 서로의 거리가 500보 남짓이었다. 드디어 더불어 싸우다가 저녁이 되자 견훤이 패하여 달아났으며, 시랑(侍郎) 김악을 사로잡고 죽은 자가 8,000여 인이었다. 이날 고창군에서 아뢰기를, "견훤이 장수를 보내 순주(順州)를 공격하여 함락시키고 민가를 약탈한 후 물러갔습니다."라고 하자 바로 순주에 행차하여 그 성을 수리하고 장군 원봉을 처벌하였다. - 「고려사」

14. 대구

신라	신문왕 때 달구벌로 천도를 시도했으나 실패하였다.
고려	왕건은 후백제군과 공산(대구)에서 전투를 벌였으나 대패하고 말았다.(927)
대한제국	대구에서 김광제, 서상돈 등의 발의로 시작되어 국채보상운동이 전개되었다.(1907)
일제 강점기	박상진, 김좌진 등은 비밀결사인 대한광복회를 대구에서 조직하여 공화정체의 근대 국가 수립을 목표로 삼았다.(1915)
현대	3·15 선거를 앞두고 2·28 대구 학생 운동이 발생하였다.(1960)
사료	●공산전투(927) 태조는 정예 기병 5천 명을 거느리고 공산 아래에서 견훤을 맞아서 크게 싸웠다. 태조의 장수 김락과 신숭겸이 죽고 모든 군사가 패했으며, 태조는 겨우 죽음을 면하였다. -「삼국유사」 ●국채보상운동 지금은 우리들이 정신을 새로이 하고 충의를 떨칠 때이니, 국채 1,300만 원은 바로 우리 제국의 존망에 직결된 것이라. 이것을 갚으면 나라가 존재하고 갚지 못하면 나라가 망할 것은 필연적인 사실이나 지금 국고는 도저히 상환할 능력이 없고 만일 나라에서 갚는다면 그 때는 이미 삼천리 강토는 내 나라 내 민족의 소유가 못 될 것이다. … 그러므로 국채를 갚는 방법은 2,000만 인민들이 3개월 동안 금연하고 매달 20전씩 거두면 1,300만 원을 모을 수 있다. -「대한매일신보」

15. 영주

통일신라	의상이 영주에 부석사를 창건하였다.
고려	문화유산: 부석사 무량수전(주심포 양식), 부석사 조사당 벽화, 부석사 소조 아미타여래 좌상(신라 양식 계승, 균형미)
조선	문화유산: 백운동 서원(주세붕) → 소수서원(최초 사액 서원, 이황 건의)

16. 경주

삼국	• 당이 한반도를 지배하고자 계림 도독부를 설치하였다. • 문화유산: 배동 석불 입상, 명활산성, 황룡사, 분황사, 첨성대 → 경주역사유적지구(세계문화유산)
통일신라	문화유산: 감은사지 3층 석탑, 문무왕 수중왕릉, 불국사·석굴암(세계문화유산)
고려	• 태조 왕건이 경순왕 김부를 경주 사심관으로 임명하였다. • 경주 호족 이비·패좌가 신라 부흥시키고자 난을 일으켰다.(1202, 최충헌 집권기)
조선	• 최제우가 경주에서 동학을 창시하였다.(1860) • 문화유산: 경주 양동마을(+ 안동 하회마을 → 세계문화유산)

17. 진주

고려	진주목 남해현에 대장도감 분사를 두어 『재조대장경』을 편찬하였다.
조선	• 임진왜란 당시 김시민이 진주성에서 일본군을 격퇴하였다.(1592) • 경상우병사 백낙신 등 탐관오리의 탐학에 저항하여 농민들이 봉기하였다. (임술농민봉기, 철종)
일제강점기	이학찬은 진주에서 조선형평사를 조직하여 백정에 대한 관습적 차별을 타파하고자 했다.(1923)
사료	●**조선형평사 설립 취지문** 공평은 사회의 근본이고 애정은 인류의 본령이다. 그러한 까닭으로 우리는 계급을 타파하고 모욕적인 칭호를 폐지하여, 교육을 장려하고 우리도 참다운 인간이 되는 것을 기하자는 것이 우리의 주장이다. … 직업의 구별이 있다고 한다면 금수의 생명을 빼앗는 자는 우리들만이 아니다.

18. 부산

선사	동삼동 유적에서 일본산 흑요석이 출토되어 일본과의 교역이 이뤄졌음을 알 수 있다.
조선	• 임진왜란 초기 부산진 전투(정발), 동래성 전투(송상현)가 있었다. • 부산포(3포개항), 두모포(선조), 초량(기유약조) 순으로 왜관이 설치되었다. • 동래를 근거지로 활동한 내상은 일본 무역에 관여하였다. • 강화도 조약 체결로 개항하였다. (1876)
대한제국	경부선 철도가 개통되었다.(군사적 목적 1905)
일제 강점기	백산상회에서 임시정부 자금을 조달하였다.
현대	• 6·25 당시 서울이 함락당하자 부산으로 수도를 이전하였다. • 임시수도 부산에서 제1차 개헌(발췌개헌)이 단행되었다.(1952) • YH무역 사건으로 김영삼이 국회의원직에서 제명되자 부산, 마산 등지에서 유신체제에 반대하는 시위가 확대되었다.(1979)

반드시 알아야 할 인물사

1. 전근대

위만	• 중국 진·한 교체기 무렵 고조선으로 건너옴 → 세력을 키워 준왕을 축출 → 위만 조선 성립(B.C. 194) • 조선인 증거: 흰 옷(오랑캐옷으로 기록), 상투, 조선 이름 그대로 사용, 기존 관리 그대로 수용

을지문덕	• 7C 고구려 영양왕 대 수 양제 침입 격퇴: 살수대첩(612, 청천강) • 여수장우중문시(與隋將于仲文詩) 신비로운 계책은 하늘의 흐름을 알아서 하고 　　　　　神策究天文 기묘한 꾀는 땅의 이치를 다 알아서 하는 게지 　　　　妙算窮地理 싸움에서 이긴 공 높을 수밖에 없겠네 　　　　　　　戰勝功旣高 그만하면 족하니 이제 그치는 게 어떠한지 　　　　　知足願云止

연개소문	• 천리장성 축조 최고 감독자 • 영류왕 제거 → 보장왕 옹립 • 대막리지 • 도교 육성 • 연개소문 사후 아들 내분 → 고구려 멸망 "삼교는 솥의 발과 같아서 하나라도 없어서는 안 됩니다. 지금 유교와 불교는 모두 흥하는데 도교는 아직 번성하지 않으니, 소위 천하의 도술(道術)을 갖추었다고 할 수 없습니다. 엎드려 청하오니 당에 사신을 보내 도교를 구해와서 나라 사람들을 가르치게 하소서." 　　　　　　　　　　　　　　　　　　　　　　　　　　『삼국사기』

최치원	• 6두품 • 도당 유학: 빈공과 급제 • 개혁안 10여 조 건의(894, 진성여왕) → 아찬 벼슬에 오름 　but 개혁안은 진골 귀족의 반대로 실현 X • 저서: 『계원필경』(현존 가장 오래된 문집), 『제왕연대력』, 해인사 묘길상탑기, 4산비문(유·불·선 사상 모두 반영), 난랑비서문, 토황소격문, 『사륙집』

김인문	• 무열왕 김춘추의 아들, 문무왕 김법민의 동생 • 부대총관으로 임명되어 백제를 정복하는데 출전 • 나당전쟁 중 당이 문무왕을 견제하고자 김인문을 신라 왕으로 봉함(674) • 강수「청방인문표」: 김인문의 석방을 청하는 글
장보고	• 평민 출신, 당에서 군사 및 해상 무역 경험 쌓은 후 귀국 • 완도에 청해진 설치(828, 흥덕왕): 남해·황해 해상 무역권 장악, 해적 소탕 • 당·신라·일본 사이의 국제 무역 주도: 교관선(무역선), 견당매물사(당 무역 사절), 회역사(日 무역 사절) 파견 • 산둥반도 적산촌에 법화원 건립: 엔닌(장보고의 도움으로 당 순례한 日 승려) • 신라 하대 왕위계승분쟁에 관여: 신무왕(김우징) 즉위에 도움 • 문성왕때 난을 일으킴→ 옛 부하 염장에게 피살
김유신	• 금관가야 왕족 후손, 화랑 출신 • 김춘추와 결탁 → 삼국통일에 중추적 역할 • 비담·염종의 난 진압(647) with 김춘추 • 황산벌전투(660) ↔ 백제 계백 • 문무왕에게 유언 남기고 사망(673)
김춘추	• 최초의 진골 출신 왕 • 백제 의자왕의 공격: 대야성 전투(642) → 성주 김품석(김춘추 사위) 사망 • 고구려에 원병 요청 but 연개소문의 거절 → 대당외교 전개: 나·당 연합군 결성(648) • 비담·염종의 난 진압(647) with 김유신 • 백제 정벌(660) • 갈문왕 제도 폐지: 전제 왕권 강화
궁예	• 신라 왕족 출신 but 버림받아 신라에 적대적 • 승려 출신, 북원(원주) 지역 호족 양길의 부하로 활약 • 송악을 도읍으로 후고구려 건국(901) • 전제정치(미륵불 자처), 과도한 조세 수취 → 왕위에서 축출

최승로	• 신라 6두품 출신 유학자 • 「5조 정적평」, 「시무 28조」 • 유교 정치 실현: 유불 융합

강조	• 강조의 정변(1009): 목종을 폐위하고 현종 옹립 → 제2차 거란 침입 명분 • 제2차 거란 침입 당시 포로로 끌려가 처형당함 군대를 이끌고 통주성 남쪽으로 나가 진을 친 강조는 거란군에게 여러 번 승리를 거두었다. 하지만 자만하게 된 그는 결국 패해 거란군의 포로가 되었다. 거란의 임금이 그의 결박을 풀어 주며 "내 신하가 되겠느냐?"라고 물으니, 강조는 "나는 고려 사람인데 어찌 너의 신하가 되겠느냐?"라고 대답하였다. 재차 물었으나 같은 대답이었으며, 칼로 살을 도려내며 물어도 대답은 같았다. 거란은 마침내 그를 처형하였다.

묘청	• 서경천도론 제기(1128), 금 정벌, 칭제건원 주장 ↔ 김부식 등 개경파 • 대화궁 건립(1128) • 묘청의 난(1135, 서경): 국호-대위국, 연호-천개, 군대-천견충의군 → 김부식 등 관군이 진압 • 신채호 "조선 역사상 제일대사건"(『조선사연구초』)

김윤후	• 승려 출신 • 몽골 2차 침입: 처인부곡 전투 활약(1232) → 살리타 사살 • 몽골 5차 침입: 충주 방호별감으로 충주성에서 몽골 격퇴(1253) 방호별감 낭장 김윤후가 군사들에게, "만일 힘을 다해 싸운다면 귀천을 따지지 않고 모두 관작을 제수하겠다." 라고 격려하고, 관노의 호적을 불태워 믿음을 보였다. 또 노획한 말과 소를 나누어 주자 사람들이 모두 죽기를 맹세하여 싸웠다.

윤관	• 특수군 별무반 편성(1104, 숙종) for 여진 정벌 • 동북 9성 축조(1107, 예종) → 1년여 뒤 반환 cf) 「척경입비도」: 윤관이 9성을 개척하고 비석을 세우는 장면(조선 후기)

만적	• 최충헌의 사노비 • 개경에서 신분 차별에 항거하며 난을 일으킴(1198) 국가에서 경계 이래 고관이 천민계급에서 많이 나왔으니, 장상이 어찌씨가 따로 있으랴. 때가 오면 누구나 할 수 있는 것이다. 우리는 힘써 일하고도 매만 맞고 살아야 하는가? 주인을 죽이고 노비 문서를 불살라서 삼한으로 하여금 천민이 없게 하면 공경장상은 모두 우리가 얻어야 할 것이다. — 『고려사』
배중손	• 삼별초 항쟁의 지도자 • 개경 환도에 반대하며 독자적 정부 수립: 승화후 왕온 추대 • 진도에서 전사 • 강화도 → 진도(용장성) → 제주도(항파두리, 김통정 지휘)
신돈	• 공민왕 대 등용되어 개혁 정치(신진사대부와 연합)를 수행한 승려 • 전민변정도감 설치(1336): 권문세족의 토지와 노비 몰수 • 신돈의 집권에 대한 비판 多 → 반역 도모 혐의로 유배되었다가 처형
최영	• 고려 말(14C 후반) 성장한 신흥 무인 세력: 우왕의 장인 • 홍산대첩(1376): 충남 부여 • 명의 철령위 설치 요구 → 요동 정벌 주장 • 위화도 회군(1388) 후 폐가입진 명목으로 이성계에 의해 제거 좋은 말 살지게 먹여 시냇물에 씻겨 타고 서릿발 같은 칼 잘 갈아 어깨에 둘러메고 대장부의 위국충절을 세워 볼까 하노라 — 『호기가(豪氣歌)』
이규보	• 최씨정권 시기 문신 • 『동국이상국집』에 「동명왕편」 수록: 고구려 동명왕의 업적을 칭송한 영웅 서사시 • 『백운소설』: 패관문학 • 『국순생전』: 가전체 문학(술) 『구삼국사』를 얻어 동명왕본기를 보니 그 신이한 사적이 세상에 전하는 것보다 더하였다. … 우리나라가 본래 성인(聖人)의 나라라는 것을 천하에 알리고자 한다. — 「동명왕편」

삼봉 정도전	• 급진 개혁파 신진사대부 • 이인임 등의 친원배명 정책에 반대해 전라도 나주에 유배(1375) • 이성계 등과 모의하여 창왕 폐위(폐가입진 명분), 공양왕 옹립(1389) • 전면적 토지 개혁 찬성 → 과전법 실시(1391) • 표전문 사건(1395) → 명과 대립 → 요동수복운동 • 1차 왕자의 난(1398)에 피살 • 저서: 『조선경국전』, 『경제문감』, 『불씨잡변』, 『학자지남도』, 『고려국사』, 『진법(서)』, 『삼봉집』
	임금의 직책은 한 사람의 재상을 정하는 데 있다. 재상은 위로는 임금을 받들고 밑으로는 백관을 통솔하며 만민을 다스리는 것이니, 그 직책이 매우 큰 것이다. … 임금의 자질은 어리석을 수도 있고 현명할 수도 있으며, 강력한 자질도 있고 유약한 자질도 있어, 그것이 한결같지 않으니, 재상은 임금의 아름다운 점은 순종하고 나쁜 점은 바로잡으며, 옳은 일은 받들고 옳지 않은 것은 막아서, 임금으로 하여금 가장 올바른 경지에 들게 해야 한다.

포은 정몽주	• 온건 개혁파 신진 사대부 • 선죽교에서 이방원의 문객 조영규 등에게 피살(1392) • 목은 이색 "정몽주는 동방 이학의 시조" • 「단심가」 • 문묘 종사
	cf) 문묘 18현 통일신라: 최치원, 설총 고려: 안유(안향), 정몽주(고려) 조선: 정여창, 김굉필, 이언적, 조광조, 이황(이상 동인) / 김인후, 이이, 성혼, 조헌, 김장생, 김집, 송시열, 박세채, 송준길(이상 서인)

임꺽정	• 양주의 백정 출신 • 경기·황해도 일대에서 활동(1559, 명종) 사신은 논한다. … 저들 도적이 생겨나는 것은 도적질하기를 좋아해서가 아니다. 굶주림과 추위에 몹시 시달리다가 부득이 하루라도 더 먹고살기 위해 도적이 되는 자가 많기 때문이다. 그렇다면 백성을 도적으로 만든 자가 과연 누구인가? 권세가의 집은 공공연히 벼슬을 사려는 자들로 시장을 이루고 무뢰배들이 백성을 약탈한다. 백성이 어찌 도적이 되지 않겠는가? — 『명종실록』
문정왕후 윤씨	• 중종의 왕비이자 명종의 어머니 • 명종이 12세의 나이로 왕위에 오르자 수렴청정 시행 • 문정왕후 동생 소윤 윤원형 일파의 집권 → 을사사화 발생(1545) → 대윤 중심의 반대세력 숙청 • 양재역 벽서사건(1547): 대윤 세력 추가 숙청 • 불교 부흥: 승려 보우 중용, 승과 일시적 부활 • 문정왕후 어보: '성렬대왕대비' 존호를 올리는 것을 기념하며 제작(1547) → 6·25 전쟁으로 반출, 2017년 환수(세계기록문화유산)
김종직	• 세조 때 정계 입문 • 「조의제문」을 제자 김일손이 사초에 수록 → 무오사화(1498, 연산군) • 무오사화로 부관참시 꿈속에서 신선이 나타나서 "나는 초나라 회왕 손심인데 서초패왕에게 살해되어 빈강에 버려졌다"고 말하고 사라졌다. 잠에서 깨어나 생각해보니 회왕은 중국 초나라 사람이고, 나는 동이 사람으로 거리가 만리(萬里)나 떨어져 있는데 꿈에 나타난 징조는 무엇일까? 역사를 살펴보면 시신을 강물에 버렸다는 기록이 없으니 아마 항우가 사람을 시켜서 회왕을 죽이고 시체를 강물에 버린 것인지 알 수 없는 일이다. 이제야 글을 지어 의제를 조문한다.

정암 조광조	• 중종 때 등용 for 훈구 세력 견제 • 김굉필 제자 • 개혁 주도: 훈구파 위훈 삭제, 현량과 실시, 향약 실시, 소격서 폐지, 도학정치 주장, 『소학』 보급 강조, 경연 강화, 언론 활동 활성화 등 • 급격한 개혁에 대한 훈구 세력의 반발 → 기묘사화(1519) 임금 사랑하기를 어버이 사랑하듯이 하고 나라를 내 집안 근심하듯이 했노라. 밝은 해가 이 땅을 비치고 있으니 내 붉은 충정을 밝혀 비추리라.
정여립	• 정여립 모반사건(1589, 기축옥사) • 서인이었으나 이이 사후 서인 배신, 동인 가담 • 파직 후 고향(전주)로 → 동인과 함께 모여 대동계 조직, 전국 확대 • 모반(실록) → 정철이 진압, 동인(특히 조식 문인) 피해 大 적신 정여립은 널리 배우고 많이 기억하여 경전을 통달하였으며 의논이 과격하며 언변이 뛰어났다. 이이가 그 재간을 기특하게 여겨 맞이하고 소개하여 드디어 청현직에 올려서 이름이 높아졌는데, 이이가 죽은 뒤에 정여립은 도리어 그를 비방하니 임금이 그를 미워하였다. 이에 정여립은 벼슬을 버리고 전주에 돌아가 나라에서 여러 번 불러도 나가지 않고, 향곡에서 세력을 키우며 조심히 반역을 도모하다가 일이 발각되자 자살하였다.
송시열	• 평생토록 산림(山林) 자처 • 효종: 북벌 주장 • 서인: 기해예송 때 기년설 주장 → 남인(윤휴, 허목)으로부터 비판 • 숙종: 경신환국 이후 노론파 • 기사환국에 사약 • 충북 괴산 화양동 서원 배향
윤휴	• 남인: 기해예송(1659)-3년복, 갑인예송(1674)-1년복 주장 • 주자학의 절대성 부정: 사문난적으로 몰려 비난 • 경신환국(1680)으로 사사

권율	임진왜란: 행주대첩(1593.2.) → 관군과 백성의 합심으로 왜군 격퇴

유성룡	• 이황의 문인 • 수미법 주장 • 평양성 전투(조·명 연합) • 훈련도감, 속오군 설치 건의 • 중강개시 개설 • 병산서원 배향 • 『징비록』, 『서애집』

강홍립	• 광해군의 중립 외교: 명의 요청으로 강홍립 후금에 파견 → 사르후 전투에서 즉시 항복, 휴전 후 억류(1619)

소현세자	• 인조의 아들 • 병자호란 항복 후 동생 봉림대군(효종) 및 주전파 대신들과 청 심양에 인질로 감 • 심양관에서 청과 조선 사이의 연락과 외교를 담당 → 청의 존재 인정, 청 왕족 및 장군들과 친교를 맺고 양국 관계 정상화를 위해 노력 • 아담 샬과 친교: 서양 문물 적극 수용, 역법에 관심 • 조선 내 부정적 평가, 귀국 후 의문사

김육	• 대동법 확장 실시 노력 → 충청, 전라(1651, 효종) • 한국 최초의 태양력인 시헌력을 도입

허균	• 최초 한글 소설 『홍길동전』 저술(조선후기) • 호민론(豪民論): 항민, 원민, 호민 중에서 호민이 세상 변화의 주역 • 유재론(遺才論): 서얼 차별 말고 인재 고루 등용 주장

2. 근현대

김홍집	• 2차 수신사(1880) → 『조선책략』 유입 • 군국기무처 총재 → 갑오개혁 단행(1894) • 아관파천 이후 피살 군국기무처 회의 총재는 영의정 김홍집이 맡고, … 모두 회의원으로 임명하여 날마다 와서 모여 크고 작은 사무를 협의한 뒤 품지(稟旨)하여 거행하도록 하라. – 『고종실록』
유길준	• 조사시찰단 참여(1881): 유학생 • 보빙사 참여(1883): 유학생 • 갑신정변 때 귀국 후 구금 • 거문도 사건 직후 '조선 중립론' 주장 • 갑오·을미개혁 참여 • 아관파천 직후 일본 망명 • 저서: 『서유견문』(최초 국한문 혼용), 『조선문전』(한글 문법) 무릇 개화란 인간의 온갖 만물이 가장 아름다운 경지에 이르는 것을 일컫는데 개화에는 인륜개화, 학술개화, 정치개화, 법률개화, 기계개화, 물품개화가 있다. 인륜개화는 천하만국을 통하여 그 동일한 규모가 천만 년이 지나도 장구함이 변하지 않거니와, 정치 이하의 여러 개화는 시대에 따라서 변개하기도 하고 지방에 따라 다르기도 하다. 그런 고로 옛날에는 맞았지만 지금은 맞지 않으며, 저쪽에는 좋지만 이쪽에는 좋지 않은 것도 있어, 곧 고금의 형세를 살피고 피차 사정을 비교하여 장점을 취하고 단점을 버리는 것이 개화의 대도(大道)다. – 『서유견문』
서재필	• 갑신정변 가담(1884) • 독립신문 간행(1896.4.7.) • 독립협회 조직(1896.7.) • 만민공동회 주도(1898.3.) • 1898.5. 미국으로 망명
이상재	• 조선 교육회 회장: 민립대학 설립 운동 주도(1922~1924) • 신간회 초대 회장

최익현	• 경복궁 중건 반대 상소(1868) • 흥선대원군 하야 상소(1873): 서원 정리 반대 • 5불가소(1876): 강화도 조약 반대 • 을사의병(1905): 포고팔도사민 • 병오의병(1906) 난신적자가 어느 때인들 없으리요마는 어찌 이번 같이 도장을 마음대로 찍고 조약을 맺은 박제순, 이지용, 이근택, 이완용, 권중현 같은 자들이 있겠습니까. -「포고팔도사민」
안중근	• 정미의병 참모중장 • 이토 히로부미 사살 at 하얼빈(1909.10.26.) • 뤼순 감옥에서 사형(1910) • 『동양평화론』 저술: 공동의회 구성, 공동 군대 편성, 공동 통화 발행 → 미완성 오늘날 사람은 모두 법에 의하여 생활하고 있는데 실제로 사람을 죽인 자가 벌을 받지 않고 생존할 도리는 없는 것이다. …(중략)… 나는 한국의 의병이며 지금 적군의 포로가 되어 와 있으므로 마땅히 만국공법에 의해 처단되어야 할 것으로 생각한다.
이상설	• 을사늑약 반대 상소(1905) • 서전서숙 설립(1906) • 헤이그특사 파견(1907) • 성명회 조직, 13도 의군 편성(1910) • 권업회 조직(1911) • 대한광복군 정부 조직(1914): 정통령 • 1917년 병환으로 사망
양기탁	• 신민회 주도 • 대한매일신보 발행인 • 국채보상운동 자금 담당 책임자 • 만주에서 정의부 주도 • 임시정부 국무령

홍범도	• 평안도 출생(1868) • 정미의병 참여(1907): 포수 출신 평민 의병장 • 삼둔자 전투, 봉오동 전투, 청산리 전투(1920) • 자유시 참변 시련(1921) • 중앙아시아 강제이주(1937) • 유해 봉환(2021) 그는 평안도 양덕 사람으로 …… 체격이 장대하고 지기가 왕성하였는데, 비록 글은 배우지 못하였으나 천성적인 의협심이 있어, 남을 돕는 일을 급무로 삼은 연유로 사람들이 많이 따랐다. 1907년 겨울에 차도선, 송상봉, 허근 등 여러 사람들과 의병을 일으켜…… 전투를 벌였다.

육당 최남선	• 「경부철도가」 저술(1908) • 최초의 신체시 「해에게서 소년에게」를 잡지 『소년』에 발표(1908) • 조선광문회 설립 with 박은식(1910): 민족 고전 정리 • 3·1운동 기미독립선언서 작성 • 1930년대 친일 문학 활동 → 광복 후 반민특위에 체포되었다가 풀려남

김좌진	• 국권피탈기 애국계몽운동 전개 • 대한광복회 부사령관 • 대한(무오)독립선언 주도(1919) • 북로군정서 총사령관 → 청산리 전투(1920.10.) • 신민부 활동(1925) • 혁신의회 주도(1928) • 1930년 암살

이동휘	• 신민회 참여 • 강화 진위대장 사임 후 정미의병 참여 • 대한 광복군 정부 부통령 • 한인사회당(1918, 러시아) → 고려공산당(1921, 상하이) • 대한 국민 의회 주도(1919) • 임시정부 초대 국무총리

조소앙	• 한국독립당 창당(1935) • 임시정부 국무위원 • 삼균주의 제창 • 5·10 총선거 불참 • 대한민국 제2대 국회의원 • 6·25 전쟁 때 납북 우리나라의 건국 정신은 삼균제도(三均制度)의 역사적 근거를 두었으니 선조들이 분명히 명한 바 『수미균평위(首尾均平位)하야 흥방보태평(興邦保泰平)하리라』하였다. 이는 사회 각층 각급의 지력과 권력과 부력의 향유를 균평하게 하야 국가를 진흥하며 태평을 보유(保維)하려 함이니 홍익인간(弘益人間)과 이화세계(理化世界)하자는 우리 민족의 지킬 바 최고 공리(公理)임
안창호	• 공립협회 → 대한인 국민회(1910) • 신민회(1907) • 점진학교(1899), 대성학교(1908, 평양) • 흥사단(1913, 샌프란시스코) • 한국 독립 유일당 북경 촉성회(1926) • (수양) 동우회 사건으로 구속(1937) 동일한 목적과 동일한 성공을 위하여 운동하고 투쟁하는 혁명자들은 반드시 하나의 기치 아래 모여 하나의 호령 아래 단결해야만 비로소 상당한 효과를 거둘 수 있다는 것은 말할 필요도 없다. … 바란다! 일반 동지는 깊이 양해하라! / 일본 제국주의를 타도하라! 한국의 절대 독립을 주장하라! / 민족 혁명의 유일한 전선을 만들라! 진세계 피압박 민중은 단결하라! 『한국 독립 유일당 북경 촉성회 선언서』

박은식	• 황성신문 기자(1898), 대한매일신보 기자(1904) • 대동교 창시(1909), 유교구신론 발표(1909) • 조선 광문회 조직 with 최남선(1910) • 『한국통사』 편찬, 대동보국단 조직 with 신규식 → 「진단」 잡지 발행 • 노인동맹단 조직(1919) • 『한국독립운동지혈사』(1920) • 임시정부 2대 대통령으로 선임(1925) 이른바 3대 문제는 무엇인가. 첫째는 유교계의 정신이 오로지 제왕측에 있고, 인민 사회에 보급할 정신이 부족함이오, 둘째는 여러 나라를 돌아다니면서 천하를 변혁하려 하는 정신을 강구하지 않고, 내가 동몽(童蒙)을 찾는 것이 아니라 동몽이 나를 찾는다는 생각을 간직함이오, 셋째는 우리 대한의 유가에서 쉽고 정확한 법문을 구하지 아니하고 질질 끌고 되어 가는 대로 내버려 두는 공부만을 숭상함이다. – 「유교구신론」
신채호	• 대한매일신보에 『독사신론』 발표(1908) • 신한청년당 조직(1918) • 상하이 임시정부 요인 • 군사통일주비회 개최(1921) • 국민대표회의 참여: 창조파, 「조선혁명선언」 작성(1923) • 『조선사연구초』 발표(1924) → 묘청의 난 "조선 역사상 제일대사건" • 신간회 참여(1927) • 『조선상고사』 발표(1931) • 뤼순 감옥 옥사(1936) 국가의 역사는 민족의 소장성쇠(消長盛衰)의 상태를 서술할지라. 민족을 빼면 역사가 없으며 역사를 빼어 버리면 민족의 그 국가에 대한 관념이 크지 않을지니, 오호라 역사가의 책임이 그 역시 무거울진저 …(중략)… 만일 그렇지 않으면 이는 무정신의 역사이다. 무정신의 역사는 무정신의 민족을 낳으며, 무정신의 국가를 만들 것이니 어찌 두렵지 아니하리오. – 「독사신론」

안재홍	• 동제사 가입(1916) • 물산장려운동 적극 참여 • 『여유당전서』 간행 참여 • 건준위 조직 with 여운형(1945) • 국민당 창당: 신민주주의, 신민족주의 • 남조선 과도 입법 위원 • 미 군정청 민정장관 • 『조선상고사감』 편찬
여운형	• 신한청년당 조직(1918, 상하이) • 조선 건국 동맹 → 건준위 → 조선 인민 공화국 선포 • 조선인민당 창당 • 좌우합작위원회 주도 • 한지근(극우)에게 피살(1947.7.)
김규식	• 동제사 참여(1913) • 파리강화회의 민족 대표(1919)로 파견 • 민족 혁명당 조직(1935): 주석 • 임시정부 부주석(1944) • 좌우합삭위원회 주도(with 여운형), 남조선 과도입법 의원 의장(1946) • 남북협상 주도(1948)
박규수	• 연암 박지원 손자 • 19C 후반 통상 개화론자 • 임술 농민 봉기(1862, 철종) 당시 안핵사 → 삼정이정청 설치 건의 but 시행 X • 제너럴셔먼호사건(평양에서 화공작전 주도)
장지연	• 을사늑약 체결 후 황성신문에 「시일야방성대곡」 게재 • 대한자강회 주도(1906)

박영효	• 철종의 부마 • 3차 수신사 파견 • 갑신정변 가담(1884) • 2차 갑오개혁 주도(내무대신) • 일제 강점기 중추원 원장 역임
박정양	• 조사시찰단(신사유람단) 파견(1881.4) • 1차 갑오개혁: 군국기무처 부총재(1894) • 제3차 김홍집·박정양 내각(1895.7.) : 친러내각 • 만민공동회와 황국협회의 충돌 → 기존 내각 실각, 국민지지 바탕으로 박정양 내각 (진보 내각) 출범(1898.3.) • 관민 공동회 참여(1898.10.)
손병희	• 천도교 제3대 교주 • 동학농민운동 당시 북접(충청도) 이끎(1894) • 동학 → 천도교로 개칭(1905) • 대한국민의회 대통령에 추대 • 민족대표 33인(1919)
헐버트	• 육영공원 교사(1886) • 독립신문 창간 참여 • 고종의 특사: 을사늑약의 부당함 알리기 위해 미국 파견(1905) • 헤이그 특사 파견 건의(1907) • 『사민필지』: 세계지리서, 우리나라 최초의 한글 교과서
베델	• 영국인 • 한국 이름 배설 by 고종 • 대한매일신보 창간 with 양기탁(1904)
신돌석	• 을사의병(1905): 경상북도 평해, 울진 • 평민 출신 의병장 • 백두산 호랑이

민종식	을사의병(1905): 충청도 홍주성

이인영	• 을미의병(1895)에 가담 • 정미의병(1907) → 13도 창의군 총대장 • 서울 진공 작전(1908) 계획 중 父 사망 → 이탈(3년상)

이범윤	• 간도시찰원(1902), 간도관리사 임명(1903) • 유인석(柳麟錫) 등과 을사늑약 반대운동, 13도 의군 조직(1910, 연해주)

이회영	• 안창호 등과 신민회 조직(1907) • 경술국치 후 6형제가 전 재산을 처분하여 독립 운동 자금 마련 → 남만주 삼원보로 • 경학사 조직, 신흥강습소 설립(1911)

지청천	• 북만주에서 혁신의회 조직(1928) → 한국독립당으로 개편(1930), 산하 군대 한국 독립군 총사령관 • 중국 호로군과 연합: 쌍성보 전투(1932), 사도하자·대전자령·동경성 전투(1933) • 민족혁명당(김원봉 주도) 참여(1935) → 탈퇴 후 한국국민당(김구 주도) 합류(1935) • 해방 후 제헌국회의원, 제2대 국회의원 역임

이봉창	• 한인애국단 소속 • 도쿄에서 일왕이 탄 마차에 폭탄 투척 → 실패(1932) • 중국 신문 "일본 국왕이 불행히도 명중하지 않았다" 기사 게재 → 상하이 사변 구실 그 길로 안공근의 집에 가서 선서식을 하고 폭탄 두 개와 300원을 주면서 "선생은 마지막 가시는 길이니 이 돈을 아끼지 말고 동경 가시기까지 다 쓰시오. 동경에 도착하여 전보를 치면 다시 돈을 보내드리리다."라고 말했다. 그리고 기념사진을 찍기 위해 사진관으로 갔는데, 사진을 찍을 때 내 얼굴에 자연 슬픈 기색이 있었던지 그가 나(김구)를 위로하면서 "저는 영원한 쾌락을 누리고자 이 길을 떠나는 것이니 서로 기쁜 얼굴로 사진을 찍으십시다."라고 하였다. 나 역시 미소를 띠고 사진을 찍었다. -『백범일지』

| 윤봉길 | - 한인애국단 소속
- 상하이 훙커우 공원에서 열린 상하이 사변 승전 기념식에서 폭탄 투척(1932)
- 중국 국민당 정부의 임시정부 지원 계기

호외가 돌고 있었다. 중국 청년이 일본 침략군의 원흉 시라카와를 즉사시키고 여러 명을 부상시켰다는 것이었다. 그때서야 왜 신문을 사오라고 했는지 짐작하고 얼른 신문을 사들고 집으로 돌아왔다. 호외를 받아든 백범은 일이 제대로 되었다고 하면서 이동녕과 조완구에게 술을 권했고 세 분이서 같이 축배를 들었다. 몇 시간이 지난 후 다시 나온 호외에서는 폭탄을 던진 사람이 중국인이 아니고 한인 청년이라고 고쳐 보도되었다.
— 『장강일기』 |
|---|---|
| 임병찬 | - 최익현 제자: 함께 의병 일으킴 → 쓰시마 섬 유배
- 전라남북도 순무대장
- (대한)독립의군부 조직(1912): 비밀결사, 고종의 밀명 → 복벽주의
- 전국 의병 봉기 계획 → 사전 발각 → 거문도 유배, 순국
- 총독에 국권 반환 요구서 발송 |
| 약산 김원봉 | - 의열단 조직(1919)
- 황포군관학교에 단원들 입학
- 조선혁명간부학교 설립(1932)
- (조선) 민족 혁명당 조직(1935) cf) 주석 김규식
- 조선의용대 창설(1938)
- 한국광복군 부사령관
- 남북 협상 참여 후 북한에 잔류 |

김구	• 사형 집행 직전 고종 황제의 특사로 사형 집행 중지(석방 X)(1897) • 안악 사건으로 체포 및 17년형 선고받음 • 3·1 운동 후 상하이로 망명, 대한민국 임시 정부 초대 경무국장 역임(1919) • 대한민국 임시정부 국무령 취임(1926) cf) 초대 국무령 이상룡 • 한인애국단 조직(1931) • 이동녕 등과 한국 국민당 창당(1935) • 임시정부 충칭 이주 후 주석 취임(1940) • 1945년: 11월 임시정부 국무위원과 함께 개인 자격으로 입국, 모스크바 3상 회의의 신탁 통치 결의에 반대, 신탁 통치 반대 국민 총동원 위원회 • UN 감시하의 남북 선거에 의한 정부 수립 결의안 지지(1947) • 남한 단독 선거 반대(1948): '삼천만 동포에게 읍고함', 평양에서 남북협상 개최 → 성과 X • 육군 소위 안두희에게 피살(1949) 조국이 있어야 한국 사람이 있고, 한국 사람이 있고야 민주주의도 공산주의도 무슨 단체도 있을 수 있는 것이다. 그러면 우리의 자주독립적 통일 정부를 수립하려는 이때에 있어서 어찌 개인이나 자기 집단의 사리사욕에 탐하여 국가 민족의 백년대계를 그르칠 자가 있으랴? … 현실에 있어서 나의 유일한 염원은 3천만 동포가 다 손을 잡고 통일된 조국의 달성을 위하여 공동 분투하는 것뿐이다. 이 육신을 조국이 필요로 한다면 당장에라도 제단에 바치겠다. 나는 통일된 조국을 건설하려다 38선을 베고 쓰러질지언정 일신의 구차한 안일을 위하여 단독 정부를 세우는 데 협력하지 않겠다. – '3천만 동포에 읍고함'(1978.2.)
조봉암	• 제헌국회의원 • 초대 농림부 장관: 농지개혁 추진 • 1952년 정·부통령 선거 출마: 득표율 11.4% • 1956년 3·15 정·부통령 선거 무소속 출마: 유효득표 30% 돌풍 • 진보당 창당(1957): 혁신정치, 계획경제, 평화통일 주장 • 진보당 사건으로 사형 선고(1958.1, 신국가보안법 적용)
주시경	• 표기통일을 위한 국문동식회 조직 • 국문연구소(1907): with 지석영 • 저서: 『국어문법』(1910), 『말의 소리』(1914)

이광수	• 타협적 민족주의 계열(기회주의) • 민족개조론(1922, 개벽): 우리 민족 열등 → 식민 지배 당연, 독립 포기 주장 • 민족적 경륜(1924, 동아일보): 자치론, 참정권 주장 → 일제 식민지 허용 → 독립 포기 • 『무정』(1917): 최초 장편 소설 • 수양동우회사건(1937)으로 구속 지금의 조선 민족에게는 왜 정치적 생활이 없는가? … 일본이 조선을 병합한 이래로 조선인에게는 모든 정치활동을 금지한 것이 첫째 원인이다. … 지금까지 해온 정치적 운동은 모두 일본을 적대시하는 운동 뿐이었다. 이런 종류의 정치 운동은 해외에서나 할 수 있는 일이고, 조선 내에서는 허용되는 범위 내에서 일대 정치적 결사를 조직해야 한다는 것이 우리의 주장이다. — 「민족적 경륜」, 동아일보

IV

당락을 결정하는 시기판단

01

(나)는 (가)의 결과이자, (다)의 원인이 되었다. (나)에 들어갈 내용으로 적절한 것은?

> (가) 위만왕조는 철기 문화를 기반으로 자신의 세력을 점차 확대하였다.
> ⇩
> (나)
> ⇩
> (다) 한 무제의 대규모 무력침략을 받아 마침내 왕검성이 함락되었다.

① 부왕, 준왕과 같은 강력한 왕이 등장하여 왕위를 세습하였다.
② 위만은 준왕의 신임을 얻어 서쪽 변경을 수비하는 임무를 맡았다.
③ 고조선은 요령지방을 중심으로 성장하여 점차 한반도까지 발전하였다.
④ 고조선은 중국 대륙과 한반도 남부의 직접 교역을 막아 중계 무역의 이익을 독점하였다.

02

다음 역사적 사건을 발생한 순서대로 가장 적절하게 나열한 것은?

> ㉠ 우거왕이 살해되고, 왕검성이 함락되었다.
> ㉡ 위만이 고조선의 준왕을 축출하고 스스로 왕이 되었다.
> ㉢ 한(漢)은 고조선 영토에 네 개의 군현을 설치하였다.
> ㉣ 예(濊)의 남려가 28만여 명의 주민을 이끌고 한(漢)에 투항하였다.
> ㉤ 고조선이 군대를 보내 요동도위 섭하를 살해하였다.

① ㉡ → ㉠ → ㉤ → ㉣ → ㉢
② ㉡ → ㉣ → ㉤ → ㉠ → ㉢
③ ㉡ → ㉤ → ㉣ → ㉠ → ㉢
④ ㉤ → ㉡ → ㉢ → ㉠ → ㉣

03

(가) ~ (다)를 일어난 순서대로 옳게 나열한 것은?

> { 보기 }
> (가) 낙랑군을 축출하여 대동강 유역을 확보하였다.
> (나) 요동지역으로 진출을 도모하고, 동옥저를 복속하였다.
> (다) 순노부, 소노부 등의 5부를 행정단위 성격의 5부로 개편하였다.

① (가) - (나) - (다)   ② (가) - (다) - (나)
③ (나) - (다) - (가)   ④ (다) - (나) - (가)

04

(가)~(다)는 고구려의 발전 과정을 시기 순으로 나열한 것이다. (나)에 들어갈 내용으로 옳은 것만을 〈보기〉에서 모두 고른 것은?

> 가) 낙랑군을 차지하여 한반도로 진출하는 발판을 마련하였다.
> (나)
> (다) 평양으로 도읍을 옮기고, 백제의 수도인 한성을 함락하였다.

> { 보기 }
> ㄱ. 태학을 설립하였다.
> ㄴ. 진대법을 도입하였다.
> ㄷ. 천리장성을 축조하였다.
> ㄹ. 신라를 도와 왜를 격퇴하였다.

① ㄱ, ㄴ   ② ㄱ, ㄹ   ③ ㄴ, ㄷ   ④ ㄷ, ㄹ

01 답 ④

| 출제영역 | 위만조선

(가)는 위만이 조선으로 망명하여 서쪽 변방을 지키며 세력을 키우던 시기이며 (다)는 고조선의 멸망이다. (나)는 위만조선 시기이다. 위만조선 시기에는 예나라·진나라와 한나라의 무역을 중계하였고, 본격적으로 철기를 도입한 시기이므로 ④번이 바른 설명이다.

| 오답풀이 |
① 부왕, 준왕이 등장하고 왕위를 세습한 것은 단군조선에 대한 설명이다.
② 위만은 진·한 교체기에 고조선으로 망명하였으며 서쪽 변방을 수비하며 세력을 키웠음으로 (가) 이전의 설명이다.
③ 요령지방에서 성장하였던 단군조선은 한반도 북부까지 세력을 확장하다가, 기원전 3세기 경 연나라 진개의 침입으로 대동강 유역으로 중심지를 이동하였다.

02 답 ②

| 출제영역 | 위만조선

위의 내용은 위만이 고조선의 준왕을 몰아낸 시기부터 멸망까지의 순서를 보여준다. 발생 순서대로 하면 ②번과 같다.

ⓒ 위만은 고조선의 준왕을 몰아내고 위만조선을 세웠으며 준왕은 남쪽으로 이동하여 한왕이 되었다.
ⓔ 예나라의 '남녀(남려)'가 한에 투항하였고 한나라 무제가 창해군을 설치하였다.
ⓜ '섭하'라는 한나라 사신이 살해되었고 이를 계기로 한나라의 침입이 시작되었다.
ⓒ 1차 전투에서는 패수에서 승리했지만 2차 전투에서는 우거왕이 피살되었고 결국 패배하게 되었다.
ⓒ 한나라는 고조선을 멸망시키고 낙랑·진번·임둔·현도 4곳에 한사군을 설치하였다.

03 답 ③

| 출제영역 | 고구려의 정치발전

제시문은 고구려의 정치발전 과정을 나열한 것으로, 이를 순서대로 배열하면,
(나) 요동지역 진출을 도모하고 동옥저를 복속시킨 것은 고구려 태조왕(53~146)이다.
(다) 5부를 행정단위 성격의 5부로 개편한 것은 고구려 고국천왕(179~197)이다.
(가) 낙랑군을 축출하고(313) 대동강 유역을 확보한 것은 고구려 미천왕(300~331)이다.

04 답 ②

| 출제영역 | 고구려의 발전 과정

고구려의 발전 과정에서 5호 16국 혼란기를 이용하여 낙랑군을 축출(313년)한 왕은 4세기 초 미천왕이며, 평양으로 천도(427년)하여 왕권을 강화하면서도 남하 정책을 추진한 왕은 5세기 장수왕이다. ㄱ의 태학 설립(372년)은 4세기 후반 소수림왕, ㄹ에서 신라를 도와 왜를 격퇴(400년)한 것은 4세기 말~5세기 초 광개토대왕 대의 사건이므로 ㄱ, ㄹ이 (나) 시기에 적절한 사건이다.

| 오답풀이 |
ㄴ. 진대법 실시(194년)는 2세기 후엽 고국천왕 대의 일이므로 (가) 이전의 사건이다.
ㄷ. 천리장성은 631년 영류왕 시기 시작되어 647년 보장왕 대에 완공되었으므로, 천리장성 축조는 (나) 이후의 사건이다.

05

(가)와 (나) 사이에 있었던 일로 가장 적절하지 않은 것은?

> **보기**
> (가) 고국천왕은 한미한 신분의 을파소를 국상으로 등용하여 소농민을 보호하는 정책을 실시하였다.
> (나) 광개토대왕은 왜국의 침략을 받은 신라를 도와 왜병을 낙동강 유역에서 섬멸하였다.

① 백제의 수도 한성을 함락하고 죽령 일대에서 남양만을 연결하는 선까지 그 판도를 넓혔다.
② 전연의 모용황의 침입을 받아 궁궐이 불타고, 남녀 5만여 명이 포로로 잡혀갔다.
③ 전진을 통해 불교를 수용하고, 태학을 설립하여 귀족의 자제들에게 유학을 가르쳤다.
④ 위(魏)의 장수 관구검에 의해 환도성이 함락 당했다.

06

다음 고구려에서 일어난 사건을 시기 순으로 바르게 나열한 것은?

> **보기**
> ㄱ. 불교를 수용하고, 율령을 반포하였다.
> ㄴ. 고국원왕이 평양성전투에서 전사하였다.
> ㄷ. 을파소를 등용하여 진대법을 실시하였다.
> ㄹ. 한성을 공격하여 함락시키고 개로왕을 죽였다.

① ㄴ→ㄷ→ㄱ→ㄹ
② ㄴ→ㄷ→ㄹ→ㄱ
③ ㄷ→ㄴ→ㄱ→ㄹ
④ ㄷ→ㄴ→ㄹ→ㄱ

07

(가), (나) 시기 사이에 있었던 사실로 가장 옳은 것은?

> (가) 영락 5년 왕은 패려(稗麗)가 …… 하지 않는다고 생각 하고 친히 군사를 이끌고 가서 토벌하였다. 부산(富山)·부산(負山)을 지나 염수(鹽水) 가에 이르렀다. 600~700영(營)을 격파하니, 노획한 소·말·양의 수가 헤 아릴 수 없이 많았다.
> (나) 고구려왕 거련(巨璉)이 병사 3만 명을 거느리고 한성을 포위하였다. 고구려 사람들이 병사를 네 방면의 길로 나누어 협공하고 또 바람을 이용해서 불을 질러 성 문을 태우니, 성 밖으로 나가 항복하려는 자도 있었다. 임금은 기병 수십 명을 거느리고 성문을 나가 서쪽으로 달아났는데, 고구려 병사에게 살해되었다.

① 신라에 병부가 설치되었다.
② 고구려가 평양으로 천도하였다.
③ 고이왕이 좌평과 관등제의 기본 골격을 마련하였다.
④ 백제군의 공격으로 고국원왕이 전사하였다.

08

다음 사건을 시기 순으로 바르게 나열한 것은?

> (가) 신라의 한강 유역 확보
> (나) 관산성 전투
> (다) 백제의 웅진 천도
> (라) 고구려의 평양 천도

① (가) → (라) → (나) → (다)
② (나) → (다) → (가) → (라)
③ (다) → (나) → (가) → (라)
④ (라) → (다) → (가) → (나)

05 답 ①

| 출제영역 | 삼국의 정치발전

(가)는 고국천왕의 진대법 실시(194년), (나)는 광개토대왕의 신라 구원(400년)에 대한 내용이다. 백제의 수도 한성이 함락된 것은 (나) 이후 장수왕 때(475)이며, 장수왕은 충주에 중원고구려비를 세워 죽령에서 남양만까지의 영토를 확정하였다.

| 오답풀이 |

② 고구려는 고국원왕 때인 342년 전연 모용황의 침입을 받아 국내성이 함락되는 피해를 입었다.
③ 고구려는 소수림왕 대인 372년 불교를 수용하고 태학을 설립하였다.
④ 고구려는 동천왕 대인 244~245년 2년에 걸쳐 위나라 관구검의 침입을 받아 환도성이 함락되고 왕이 북옥저 방면으로까지 패주하는 피해를 입었다.

06 답 ③

| 출제영역 | 고구려의 정치발전

제시문은 고구려의 정치발전 과정을 나열한 것이다. 이를 순서대로 배열하면,

ㄷ. 고국천왕(179~197)은 을파소의 건의에 의해 춘대추납의 진대법을 실시하였나.
ㄴ. 371년 고국원왕은 백제 근초고왕과의 평양성 전투에서 전사하였다.
ㄱ. 소수림왕대인 372년에 전진의 순도를 통해 불교를 수용하고, 373년에 율령을 반포하였다.
ㄹ. 장수왕은 남하정책을 실시하여 475년에 한성을 공격하여 함락시키고 백제 개로왕을 전사시켰다.

07 답 ②

| 출제영역 | 5세기의 국제정세

제시문 (가)의 '영락'이라는 명칭을 통해 광개토대왕 시기 영토확장에 대한 내용임을, 제시문 (나)는 고구려가 백제 한성을 공격하는 내용이므로 장수왕 때의 한성함락에 대한 내용임을 알 수 있다. 즉 5세기 광개토대왕의 영토확장과 장수왕의 한성함락 사이 시기의 사건을 고르는 문제이다. ②의 평양천도는 장수왕이 남하정책을 시작하면서 추진한 정책이므로 (가), (나) 사이의 사건으로 적절하다.

| 오답풀이 |

① 신라에 병부가 설치된 것은 6세기 법흥왕 때이다.
③ 고이왕이 6좌평제 등 관등제를 정비한 것은 3세기의 사건이다.
④ 고국원왕이 근초고왕의 침입으로 사망한 것은 4세기의 사건이다.

08 답 ④

| 출제영역 | 삼국의 항쟁

제시된 사건을 일어난 순으로 나열하면 다음과 같다.
(라) 고구려 평양 천도(427년): 장수왕은 평양으로 천도하였다. 국내성 귀족 세력의 권한을 누르고 남진 정책을 추진하기 위한 천도였다는 평가를 받는다.
(다) 백제의 웅진 천도(475년): 장수왕이 백제의 한성을 함락하고 개로왕을 죽이자, 그 아들 문주왕이 웅진으로 천도하였다.
(가) 신라의 한강 유역 확보(553년): 551년 백제와 신라가 연합하여 한강 유역을 고구려부터 빼앗은 후, 진흥왕은 553년 백제가 차지했던 한강 하류마저 점령한 뒤 그곳이 신주(新州)를 설치하였다. 이에 대한 보복으로 성왕은 군사를 일으켰으나, 관산성에서 전사하였다.
(나) 관산성 전투(554년): 성왕이 관산성에서 전사하였다.

09

〈보기〉의 사건들을 시간순으로 옳게 나열한 것은?

〈보기〉
ㄱ. 이사부가 이끄는 신라군이 대가야를 멸망시켰다.
ㄴ. 백제군의 평양성 공격으로 고국원왕이 전사하였다.
ㄷ. 고구려군이 백제 한성을 함락하고 개로왕을 죽였다.
ㄹ. 신라를 침탈하던 왜병이 고구려군에게 격멸당하였다.

① ㄴ-ㄷ-ㄹ-ㄱ ② ㄴ-ㄹ-ㄷ-ㄱ
③ ㄹ-ㄴ-ㄱ-ㄷ ④ ㄹ-ㄷ-ㄴ-ㄱ

10

(가) ~ (라) 시기에 해당하는 백제 역사에 대한 설명으로 옳은 것을 〈보기〉에서 고른 것은?

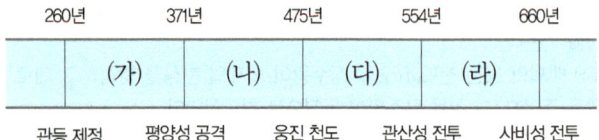

〈보기〉
ㄱ. (가) - 마라난타가 불교를 전하였다.
ㄴ. (나) - 신라의 눌지왕과 동맹을 맺었다.
ㄷ. (다) - 지방의 22담로에 왕족을 파견하였다.
ㄹ. (라) - 국호가 남부여로 개칭되었다.

① ㄱ, ㄴ ② ㄱ, ㄹ ③ ㄴ, ㄷ ④ ㄷ, ㄹ

11

신라와 가야 연맹에서 일어난 역사적 사실들을 오래된 것부터 바르게 나열한 것은?

㉠ 신라에서는 이차돈의 순교를 계기로 불교가 공인되었다.
㉡ 금관가야는 신라에 의해 결국 병합되었다.
㉢ 신라의 이사부가 우산국(울릉도)을 복속시켰다.
㉣ 대가야는 신라와 결혼 동맹을 체결하였다.

① ㉢-㉣-㉠-㉡ ② ㉢-㉣-㉡-㉠
③ ㉣-㉢-㉠-㉡ ④ ㉣-㉢-㉡-㉠

12

(가) 시기에 해당되는 사실로 옳은 것만을 〈보기〉에서 모두 고르면?

문무왕이 왕위에 올랐다.
↓
(가)
↓
신라가 기벌포에서 당의 수군을 격파하였다.

〈보기〉
ㄱ. 신라가 안승을 고구려왕에 봉했다.
ㄴ. 당나라가 신라를 계림대도독부로 삼았다.
ㄷ. 신라가 황산벌 전투에서 백제군을 무찔렀다.
ㄹ. 보장왕이 요동 지역에서 고구려 부흥을 꾀했다.

① ㄱ, ㄴ ② ㄱ, ㄷ ③ ㄴ, ㄹ ④ ㄷ, ㄹ

09 답 ②

| 출제영역 | 삼국의 교류와 항쟁

ㄴ. 근초고왕의 평양성 공격으로 고국원왕이 사망한 것은 4세기(371)의 사건이다.
ㄹ. 신라를 침탈한 왜구를 고구려 광개토대왕이 격퇴한 것은 4세기(400)의 사건이다.
ㄷ. 고구려 장수왕이 백제 한성을 함락한 것은 5세기(475)의 사건이다.
ㄱ. 신라가 대가야를 멸망시킨 것은 법흥왕 시기인 6세기(562)의 사건이다.

10 답 ③

| 출제영역 | 백제의 정치와 사회

(가)는 시기상으로 백제 초기인 고이왕~근초고왕 대이며, (나)는 백제 중기인 근구수왕~개로왕 대이다. (다)는 백제 중·후기인 문주왕~성왕 대이며, (라)는 백제 말기인 위덕왕~의자왕 대이다. 이 중 신라 눌지 마립간과 나제동맹을 맺은 비유왕 시대(433년)인 ㄴ은 (나)에 속하고, 22담로에 왕족을 파견한 무령왕 시대인 ㄷ는 (다)에 속한다. 따라서 알맞게 고른 것은 ③번의 ㄴ, ㄷ이다.

| 오답풀이 |

ㄱ 동진의 승려 마라난타가 백제에 불교를 전파한 것은 침류왕 1년(384)으로, (나)에 속한다.
ㄹ 국호가 남부여로 개칭된 것은 성왕 16년(538)에 수도를 사비성(충남 부여)로 천도한 때로, (다)에 속한다.

11 답 ①

| 출제영역 | 신라와 가야의 관계

제시문은 6세기 신라의 정치발전 과정을 나타낸 것이다. 이를 순서대로 배열하면,
ⓒ 신라 지증왕은 이사부를 파견하여 우산국을 복속시켰다(512).
ⓔ 신라 법흥왕은 대가야 이뇌왕의 요청에 따라 이찬 비조부의 여동생을 보내 혼인시켰다(522).
㉠ 신라 법흥왕은 이차돈의 순교를 계기로 불교를 공인하였다(527).
ⓛ 신라 법흥왕 때 금관가야의 마지막 왕 김구해가 항복하면서 신라가 금관가야를 흡수하게 되었다(532).

12 답 ①

| 출제영역 | 신라의 삼국통일 과정

문무왕 즉위(661)와 기벌포 전투(676) 사이의 사건을 고르는 문제이다. 당은 백제 멸망 이후 공주에 웅진도독부(660), 경주에 계림도독부(663)을 설치하여 한반도 지배야욕을 드러내었다. 이에 신라는 웅진도독부를 탈환(670)하고, 사비를 공략하여 소부리주를 설치(671)함으로써 백제 땅에 지배권을 확보하였고, 금마저(익산)에 보덕국을 세우고 안승을 보덕국 왕으로 임명하여 고구려 부흥 운동을 후원하였다(674). 결국 신라와 당의 갈등은 최고조에 달하여 양측의 전면전으로 이어졌으며, 매소성(675)·기벌포(676) 전투에서 신라가 승리함으로써 한반도에서 당을 몰아내고 삼국통일을 완수하게 되었다.

| 오답풀이 |

ㄷ. 황산벌 전투는 660년 문무왕 즉위 이전의 사건이다.
ㄹ. 677년에 당은 보장왕을 '요동주도독조선왕'에 봉하고 안동도호부로 부임하게 하여 고구려 유민을 무마하고자 하였다. 그러나 보장왕은 그 지역의 말갈족과 손을 잡고 고구려 부흥을 도모하려 하였고, 결국 681년 당에 의해 익주(益州, 사천성)로 유배되었다.

13

(가), (나) 시기 사이에 있었던 사실로 옳은 것은?

> (가) 백제의 장수 윤충은 군대를 이끌고 나아가 신라의 대야성을 함락시켰다.
> (나) 신라는 당나라와 연합하여 고구려의 평양성을 함락시켰다.

① 온달 장군이 아차산성을 공략하였다.
② 신라는 기벌포 전투에서 승리하였다.
③ 왜의 지원군이 백강 전투에서 패하였다.
④ 백제가 익산 지역으로 천도를 추진하였다.

14

신라의 발전 과정에 대한 사실들을 시대 순으로 바르게 나열한 것은?

> ㄱ. 고령의 대가야를 병합하여 영토를 확장하였다.
> ㄴ. 호국의 염원을 담아 황룡사 9층 목탑을 세웠다.
> ㄷ. 행정기관인 병부(兵部)를 설치하여 왕권을 강화하였다.
> ㄹ. 주군현(州郡縣)의 제도를 정하고 실직주(悉直州)를 두었다.

① ㄷ-ㄹ-ㄱ-ㄴ
② ㄷ-ㄹ-ㄴ-ㄱ
③ ㄹ-ㄷ-ㄱ-ㄴ
④ ㄹ-ㄷ-ㄴ-ㄱ

15

㉠, ㉡에 들어갈 사건이 옳게 연결된 것은?

나·당 동맹 체결	㉠	문무왕 즉위	㉡	취리산 회맹

① ㉠ - 웅진 도독부 설치   ㉡ - 백강 전투
② ㉠ - 계림 도독부 설치   ㉡ - 안동 도호부 설치
③ ㉠ - 황산벌 전투   ㉡ - 안승 보덕국왕에 임명
④ ㉠ - 천리장성 완공   ㉡ - 연개소문 사망

16

다음에 제시된 역사적 사건들을 시간 순서대로 바르게 나열한 것은?

> ㉠ 후백제의 견훤이 경주를 침공해 경애왕을 죽였다.
> ㉡ 후백제의 신검이 견훤을 금산사에 유폐시켰다.
> ㉢ 왕건이 국호를 고려라 정하고 송악으로 천도하였다.
> ㉣ 고려가 공산 전투에서 후백제에게 패하였다.

① ㉠, ㉢, ㉡, ㉣
② ㉠, ㉣, ㉢, ㉡
③ ㉢, ㉠, ㉡, ㉣
④ ㉢, ㉠, ㉣, ㉡

13
답 ③

| 출제영역 | 삼국의 항쟁과 신라의 삼국통일

(가)의 대야성 전투는 백제 의자왕과 신라 선덕여왕 시기의 사건으로 642년에 발생하였다. (나)의 고구려 멸망은 668년의 사건이므로, 642~668년 사이의 사건을 골라야 한다. ③에서 왜군이 지원한 백강 전투는 백제 부흥운동 중인 663년의 사건이므로 (가)와 (나) 사이의 사건으로 적합하다.

| 오답풀이 |
① 온달의 아차산성 공격은 고구려 영양왕 때인 590년의 사건이다.
② 기벌포 전투는 676년의 사건이다.
④ 의자왕의 아버지인 백제 무왕 시기(600~641)의 사건이다.

14
답 ③

| 출제영역 | 신라의 정치발전

제시문은 신라의 정치발전 과정을 나열한 것이다. 이를 순서대로 배열하면,
ㄹ. 신라는 지증왕 대에 주·군을 정비하고 현재의 강원도 삼척지역에 실직주(군주로 이사부 파견)를 두었다
ㄷ. 법흥왕은 상대등과 병부의 설치, 율령 반포, 17관등제 완비, 공복의 제정 등을 통하여 통치 질서를 확립하였다.
ㄱ. 고령 지역의 대가야를 정복한 것은 진흥왕 대인 562년의 일이다.
ㄴ. 황룡사 9층 목탑은 643년 선덕여왕 때 자장 율사의 건의로 만들어졌다.

15
답 ①

| 출제영역 | 삼국의 통일과정

나·당 동맹 체결은 신라 진덕여왕 때인 648년 이루어졌으며, 문무왕 즉위는 661년, 취리산 회맹은 665년의 사건이다. 취리산 회맹은 신라 문무왕과 백제 왕자 부여융이 취리산에서 국경에 대하여 맺은 동맹으로, 당나라가 허수아비 정권인 백제를 내세워 신라에게 백제와 화친하도록 강요한 것이다. ①의 웅진도독부 설치는 660년으로 문무왕 즉위 직전 무열왕에 의해 백제가 멸망한 후 당에 의해 이루어졌으며, 백강 전투는 663년 왜의 수군이 백제 부흥군을 지원하면서 이루어졌다.

| 오답풀이 |
② 계림도독부는 663년 신라 땅에, 안동도호부는 고구려 멸망 시기인 668년 경 평양에 설치되었다.
③ 황산벌 전투는 백제 멸망 직전인 660년 7월 백제군과 신라군 사이에서 이루어졌고, 안승은 674년 신라에 의해 보덕국왕으로 임명되었다.
④ 고구려는 631년에서 647년까지 당의 침입에 대비해 북쪽의 부여성에서 남쪽의 비사성에 이르기까지 천리장성을 축조했다. 연개소문은 642년 영류왕을 죽이고 보장왕을 옹립하며 정권을 장악한 뒤, 666년에 사망하였다.

16
답 ④

| 출제영역 | 후삼국 통일과정

위 제시문은 고려의 삼국통일 과정을 설명한 것이다. 이를 순서대로 나열하면,
ⓒ 고려 태조는 918년 궁예를 축출하고 고려를 건국했으며, 919년에는 송악으로 천도하였다.
⊙,ⓔ 견훤은 927년 상주를 공격하고 영천을 습격했다. 이어 경주로 진격해 포석정에서 경애왕을 살해하고, 왕족인 김부(경순왕)를 왕으로 삼았다. 당시 이 소식을 듣고 달려온 왕건은 공산 전투(927)에서 크게 패했다.
ⓛ 935년 견훤이 금강에게 왕위를 물려주려 하자 견훤의 아들 신검은 반란을 일으켜 견훤을 금산사에 가두고 금강을 살해하였다. 견훤은 금산사를 탈출하여 왕건에게 귀순하였고, 이 소식을 들은 신라의 경순왕 또한 고려에 투항하면서 신라는 공식적으로 멸망하게 된다.

17
(가) 시기에 발생한 사건으로 가장 옳지 않은 것은?

> 태조가 포정전에서 즉위하여 국호를 고려라 하고 연호를 고쳐 천수라 하였다. ― 『고려사』 ―
> ↓
> (가)
> ↓
> 고려군의 군세가 크게 성한 것을 보자 갑옷을 벗고 창을 던져 견훤이 탄 말 앞으로 와서 항복하니 이에 적병이 기세를 잃어 감히 움직이지 못하였다. …… 신검이 두 동생 및 문무관료와 함께 항복하였다. ― 『고려사』 ―

① 고려군이 고창에서 견훤의 후백제군을 패퇴시켰다.
② 신라의 경순왕은 스스로 나라를 고려에 넘겨주었다.
③ 왕건이 이끄는 군대가 후백제의 금성을 함락하였다.
④ 발해국 세자 대광현과 수만 명이 고려에 귀화하였다.

18
(가)~(라)를 시대순으로 가장 바르게 연결한 것은?

> (가) 견훤이 후백제를 건국하였다.
> (나) 신문왕이 관료전을 지급하였다.
> (다) 광개토 대왕이 왜군을 격퇴하였다.
> (라) 선왕 시기에 '해동성국'으로 불렸다.

① (가)-(다)-(나)-(라)
② (나)-(다)-(라)-(가)
③ (다)-(나)-(라)-(가)
④ (라)-(나)-(다)-(가)

19
다음을 일어난 순서대로 나열한 것은?

> (가) 윤관의 여진정벌
> (나) 해동통보 주조
> (다) 이자겸의 난
> (라) 묘청의 서경천도 운동

① (다)-(나)-(가)-(라)
② (나)-(다)-(가)-(라)
③ (나)-(가)-(다)-(라)
④ (나)-(가)-(라)-(다)

20
다음 사건을 시기순으로 바르게 나열한 것은?

> (가) 정중부와 이의방이 정변을 일으켰다.
> (나) 최충헌이 이의민을 제거하고 권력을 잡았다.
> (다) 충주성에서 천민들이 몽골군에 맞서 싸웠다.
> (라) 이자겸이 척준경과 더불어 난을 일으켰다.

① (가) → (나) → (라) → (다)
② (가) → (다) → (나) → (라)
③ (라) → (가) → (나) → (다)
④ (라) → (가) → (다) → (나)

17　답 ③

| 출제영역 | 후삼국 전쟁과 고려의 건국

(가) 이전 사건은 왕건의 고려 건국(918), (가) 이후 사건은 후백제 멸망(936)과 관련된 사료이므로, 후삼국 전쟁 시기의 사건을 고르는 문제이다. ③의 금성함락은 왕건이 궁예의 신하로 있었던 시절에 수군을 이끌고 후백제의 금성을 공격(903)한 것이므로 왕건이 고려를 건국하기 이전에 발생한 사건이다.

| 오답풀이 |
① 고창 전투는 930년 현재의 안동 지역에서 벌어진 전투이다. 이 전투에서 후백제군을 격파하여 고려가 통일의 주도권을 잡게 되었다.
② 935년 신라 경순왕이 고려에 항복하면서 신라가 멸망하게 되었다.
④ 발해 세자 대광현은 934년 고려에 망명하였다. 당시 태조 왕건은 대광현에게 왕씨 성(왕계라는 이름 하사)과 관직을 하사하는 등 발해 유민을 포용하는 정책을 펼쳤다.

18　답 ③

| 출제영역 | 고대 사실 시기 문제

(다) 광개토 대왕이 왜군을 격퇴하였다(400년). 영락 10년(400년)에 광개토 대왕이 보병과 기병 5만을 보내 신라를 구원하였다.
(나) 신문왕이 관료전을 지급하였다(신문왕 7년, 687년).
(라) 선왕의 재위 시기는 818년 ~ 838년이다. 이 시기 발해는 '해동성국'이라 불렸다.
(가) 견훤이 후백제를 건국하였다(삼국사기 견훤 열전에 따르면 900년에 건국).

19　답 ③

| 출제영역 | 고려시대의 사건

제시문은 고려 중기 숙종~인종 시기에 발생한 사건들을 나열한 것이다. 이를 순서대로 배열하면,
(나) 『고려사』에 따르면 해동통보는 숙종 때인 1102년에 주조되었다. 동으로 제작된 해동통보는 한반도 모양을 떠서 만든 은병이 고액 거래에만 집중되자, 소액 거래의 편리함을 위하여 주조되었다.
(가) 윤관은 예종 때인 1107년에 별무반을 이끌고 여진을 정벌한 뒤, 동북 9성을 축조하였다.
(다) 이자겸의 난은 인종 때인 1126년에 전개되었다. 이자겸이 한안인 등 인종의 측근 세력을 제거하고 권력을 장악하자, 위기의식을 느낀 인종은 이자겸을 제거하려고 하였다. 이에 이자겸은 척준경과 함께 난을 일으켜 인종을 자신의 사택에 가두고, 국정을 마음대로 운영하였다.
(라) 묘청의 서경 천도 운동은 인종 때인 1135년에 전개되었다. 묘청은 풍수지리 사상에 입각하여 서경으로 천도할 것을 주장하였지만, 김부식을 중심으로 하는 개경파 귀족들은 서경천도에 반대하였다. 서경 천도가 좌절되자 묘청은 1135년에 서경을 거점으로 반란을 일으켜 국호를 '대위국(大爲國)', 연호는 '천개(天開)'라 하였다.

20　답 ③

| 출제영역 | 고려시기의 사건

제시문은 고려시기 발생한 사건들을 나열한 것이다. 이를 순서대로 배열하면,
(라) 1126년 인종은 이자겸의 권력에 불안을 느껴 그를 제거하려 했으나 이자겸이 한안인 등 인종의 측근 세력을 제거하고 척준경과 함께 난을 일으켰다.
(가) 1170년(의종 24) 정중부, 이의방 등의 무신들이 정변을 일으켜 정권을 잡았다(무신정변).
(나) 1196년 최충헌은 이의민을 제거하고 권력을 장악하였다.
(다) 몽골의 1차 침입 당시(1231)의 상황을 나타낸 것이다. 당시 몽골의 살리타는 개경을 포위하고 휘하의 별동부대로 하여금 양주·광주·충주·청주 등 여러 성을 공격하게 하였다. 충주에는 부사 우종주가 양반별초를, 판관 유홍익이 노군과 잡류별초를 거느리고 성을 지키고 있었는데, 몽골병이 공격하자 우종주·유홍익과 양반별초는 성을 버리고 달아났고, 노군과 잡류별초만이 남아 몽골군을 물리쳤다.

21

(가)~(라)의 시기에 있었던 사실로 옳은 것은?

	(가)	(나)	(다)	(라)	
무신정변 발생		최충헌 집권	최우 집권	김준 집권	왕정 복구

① (가) – 국정을 총괄하는 교정도감이 처음 설치되었다.
② (나) – 망이·망소이 등 명학소민이 봉기하였다.
③ (다) – 금속활자로 상정고금예문을 인쇄하였다.
④ (라) – 고려대장경을 다시 조판하여 완성하였다.

22

다음은 몽골이 고려를 침략했을 때의 사건들이다. 시기 순으로 옳게 나열한 것은?

㉠ 강화 천도 ㉡ 귀주성 전투
㉢ 대장도감 설치 ㉣ 살리타(撒禮塔) 사살

① ㉠-㉡-㉢-㉣ ② ㉠-㉡-㉣-㉢
③ ㉡-㉠-㉢-㉣ ④ ㉡-㉠-㉣-㉢

23

(가) 시기의 사실로 옳지 않은 것은?

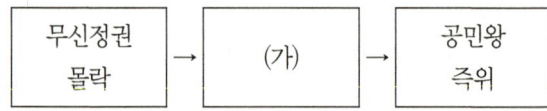

① 만권당이 만들어졌다.
② 정동행성이 설치되었다.
③ 쌍성총관부가 수복되었다.
④ 『제왕운기』가 저술되었다.

24

(가) 시기에 일어난 사건으로 가장 옳은 것은?

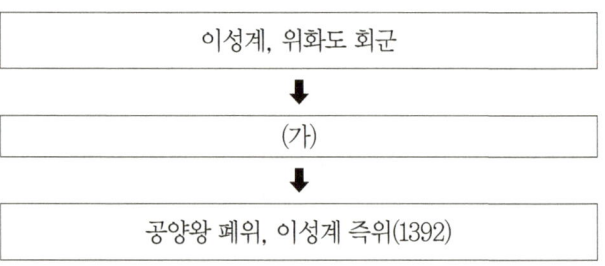

① 과전법 실시
② 전민변정도감 설치
③ 제1차 왕자의 난 발생
④ 정도전의 요동 정벌 추진

21 답 ③

| 출제영역 | 고려시대의 사건

제시된 연표는 무신정변(1170), 최충헌 집권(1196), 최우 집권(1219), 김준 집권(1258), 왕정 복구(1270)이다. "상정고금예문"은 12세기 인종 때 최윤의 등이 지은 의례서로, 강화도로 천도할 때 예관이 가지고 오지 못하여 최우가 보관하던 것을 강화도에서 금속 활자로 인쇄하였다(1234), 따라서 (다) 시기에 일치하므로 ③이 정답이다.

| 오답풀이 |
① 교정도감은 최충헌이 설치한 권력기구이므로 (나) 시기에 처음 설치되었다. 최씨집권기 교정도감은 인사·행정·감찰·재정권 등을 행사하며 최고 집정부 구실을 하였다.
② 망이·망소이의 난은 1176년에 일어난 사건이므로 (가) 시기에 해당된다. 망이·망소이의 난(1176)은 정중부 집권기에 공주 명학소에서 망이·망소이가 명학소를 일반 현으로 승격시켜 주기를 요구하면서 일어난 난이다.
④ 고려대장경을 다시 조판한 재조대장경(팔만대장경)은 1251에 완성되므로 (다) 시기에 해당된다. 고려대장경(팔만대장경)은 몽골 침입으로 소실된 초조대장경을 대체하고 부처님의 힘으로 국난을 극복하기 위해 제작되었는데, 최씨 무신 집권기에 완성되었다.

23 답 ③

| 출제영역 | 원 간섭기

개경 환도(1270년)와 공민왕 즉위(1352년) 시기(대체로 원간섭기)의 사실이 아닌 것을 고르면 되는 문항이다. 고려의 원종이 태자 시절에 쿠빌라이(훗날 원 세조)를 찾아가 항복함에 따라 몽골에 의하여 고려의 집권 세력은 뒤바뀔 수밖에 없었다. 무신정권은 개경 환도 및 삼별초 항쟁 진압과 함께 몰락하게 되었으며, 원을 등에 업은 세력이 권력을 장악하게 되었고, 원이 쇠퇴하고 명이 성하던 시기에 즉위한 공민왕은 이러한 국제 상황을 활용해 반원 자주 개혁을 시도하였다. 정답은 ③번 선지로, 쌍성총관부는 공민왕 5년(1356년)에 수복하였다.

| 오답풀이 |
① 만권당은 충선왕이 원의 연경에 세운 서재로, 충선왕은 아들 충숙왕에게 왕위를 물려주고, 이를 건립하였다[충숙왕 1년(1314년)].
② 원이 일본 원정을 위하여 설치했던 기구로, 정동행성은 1280년(충렬왕 6년)에 처음 설치되었다.
④ 제왕운기는 1287년(충렬왕 13년)에 저술되었다.

22 답 ④

| 출제영역 | 여몽전쟁

위 보기는 여몽항쟁과정을 나열한 것이다. 몽고는 1216년 강동성 전투에서 거란유민을 물리치는 데 도움을 주었다는 구실로 과도한 공물을 요구하였는데, 이러한 가운데 1225년 사신 저고여가 피살당하는 일이 발생하자, 이를 구실로 1231년 고려에 침입하였다(몽고의 1차 침입).
ⓒ 몽골의 1차 침입(1231, 고종) 당시 박서가 귀주성에서 활약하였다.
㉠ 최우는 몽골에 대항하여 1232년 강화도로 천도하였다.
㉣ 몽골의 2차 침입 때(1232) 처인성에서 김윤후가 적장 살리타를 사살하자 몽골군이 퇴각하였다.
ⓒ 몽골의 2차 침입 때(1232) 초조대장경과 교장이 소실되었으며, 이에 최우 정권에서는 1236년 강화도에 대장도감을 설치하여 팔만대장경을 간행하였다. 참고로 강화천도기인 이 당시 1234년에는 최고(最古) 금속활자인 상정고금예문이 간행되었으며, 1238년에는 황룡사 9층 목탑이 소실되기도 했다.

24 답 ①

| 출제영역 | 여말선초의 시대상황

이성계가 위화도 회군을 단행한 것은 고려 우왕 14년인 1388년의 일이다. 공양왕을 폐위하고 이성계가 즉위한 것은 제시된 대로 1392년이다. 즉, 1388년과 1392년 사이의 사건을 찾아야 한다. 과전법이 실시된 것은 공양왕 3년인 1391년의 일로, 위화도 회군 이후 신진 사대부들의 경제적 기반을 조성하기 위한 조치였다.

| 오답풀이 |
② 고려 때 전민변정도감이 설치된 것은 여러 차례인데, 그중 공민왕 15년인 1366년에 신돈을 등용하면서 설치한 것이 대표적이다.
③ 제1차 왕자의 난이 발생한 것은 1398년 8월이다. 방원의 난, 정도전의 난, 무인정사라고도 한다. 참고로 제2차 왕자의 난은 1400년 1월에 발생하였으며, 방간의 난 또는 박포의 난이라고 한다.
④ 정도전이 요동 정벌을 (본격적으로) 추진한 것은 1396년 이후의 일이다.

25
(가), (나) 사이의 시기에 있었던 사실로 가장 옳은 것은?

> (가) 의정부의 여러 일을 나누어 6조에 귀속시켰다. …… 처음에 왕은 의정부의 권한이 막중함을 염려하여 이를 없앨 생각이 있었지만, 신중히 여겨 서둘지 않았다가 이때에 이르러 단행하였다. 의정부가 관장한 일은 사대 문서와 중죄수의 심의에 관한 것뿐이었다.
> (나) 상왕이 나이가 어려 무릇 조치하는 바는 모두 대신에게 맡겨 논의 시행하였다. 지금 내가 명을 받아 왕통을 물려받아 군국 서무를 아울러 자세히 듣고 헤아리다 조종의 옛 제도를 되살린다. 지금부터 형조의 사형수를 뺀 모든 서무는 6조가 저마다 직무를 맡아 직계한다.

① 4군 6진을 개척하였다.
② 대립의 만연으로 군포 징수제가 점차 확산되었다.
③ 직전법을 폐지하고 관리들에게 녹봉만 지급하였다.
④ 홍문관을 두어 주요 관리들을 경연에 참여하게 하였다.

26
(나) 시기에 일어난 사실로 옳은 것은?

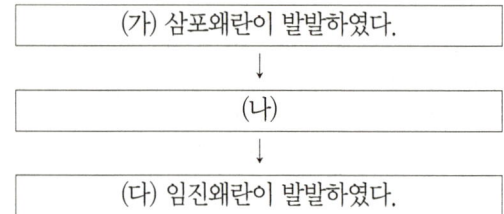

① 을사사화가 일어났다.
② 『경국대전』이 반포되었다.
③ 『향약집성방』이 편찬되었다.
④ 금속활자인 갑인자가 주조되었다.

27
(가) 시기에 일어난 사실로 옳지 <u>않은</u> 것은?

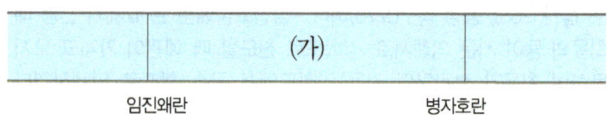

① 인조반정이 발생하였다.
② 영창 대군이 사망하였다.
③ 강홍립이 후금에 항복하였다.
④ 청에 인질로 끌려갔던 봉림 대군이 귀국하였다.

28
다음 사건을 발생한 순서대로 바르게 나열한 것은?

> ㄱ. 이순신이 명량에서 일본 수군을 격파하였다.
> ㄴ. 의주로 피난했던 국왕 일행이 한성으로 돌아왔다.
> ㄷ. 권율이 행주산성에서 일본군의 공격을 격파하였다.
> ㄹ. 원균이 이끄는 조선 수군이 칠천량에서 크게 패배하였다.

① ㄴ → ㄷ → ㄱ → ㄹ
② ㄴ → ㄷ → ㄹ → ㄱ
③ ㄷ → ㄴ → ㄱ → ㄹ
④ ㄷ → ㄴ → ㄹ → ㄱ

25
| 출제영역 | 조선초기의 정치

답 ①

제시된 자료의 (가)에서 "의정부의 권한이 막중함을 염려하여 이를 없앨 생각이 있었지만, ~ 관장한 일은 사대 문서와 중죄수의 심의에 관한 것뿐이었다"는 내용 등으로 보아 조선 태종의 6조 직계제, (나) "상왕이 나이가 어려 ~ 모든 서무는 6조가 직계한다"는 내용 등으로 보아 조선 세조의 6조직계제임을 알 수 있다. ①의 4군과 6진을 개척은 세종 때의 일로 태종과 세조 사이에 일어난 사건이다. 4군 6진 설치를 통해 압록강과 두만강을 경계로 하는 오늘날과 같은 국경선을 확정되었다.

| 오답풀이 |
② 중종 시기 군적수포제에 대한 설명이다. 16세기에는 군역에 복무해야 할 사람에게 포를 받고 군역을 면제해 주는 방군수포와 다른 사람을 사서 군역을 대신하게 하는 대립이 불법적으로 행해졌다. 이에 중종 때에는 정식으로 군적수포제가 실시되어 1년에 2필의 군포를 받고 현역 복무를 면제해 주었다.
③ 명종 시기 직전법 폐지에 대한 내용이다. 직전법 폐지로 이름뿐인 수조권 지급제도가 없어지고 관리에게는 녹봉만이 지급되었다.
④ 홍문관 설치는 조선 성종의 업적이다. 성종 때에는 홍문관을 두어 관원 모두에게 경연관을 겸하게 함으로써 집현전의 역할을 계승하게 하였다.

26
| 출제영역 | 조선 중종~선조 시기의 사건

답 ①

삼포왜란은 중종 때인 1510년, 임진왜란은 선조 때인 1592년에 일어났으므로, 중종~선조 사이의 사건을 고르는 문제이다. ①의 을사사화는 명종 시기 명종의외척인 윤원형(소윤파) 일파가 인종의 외척 윤임(대윤파) 일파를 제거하면서, 윤임을 지원했던 사림들이 화를 입은 사건으로 (나) 시기로 적절한 사건이다.

| 오답풀이 |
② 경국대전 반포는 성종 시기의 사건이므로 (가) 이전에 해당한다.
③,④ 『향약집성방』 편찬, 갑인자 주조는 세종 시기의 사건이므로 (가) 이전에 해당한다.

27
| 출제영역 | 임진왜란~병자호란 사이의 사건

답 ④

제시문의 (가) 시기는 임진왜란(1592, 선조)과 병자호란(1636, 인조) 사이에 해당한다. ④에서 봉림대군이 청에 인질로 끌려간 것이 병자호란 패배 이후기 때문에 봉림 대군 귀국 또한 (가) 이후의 사건이다. 소현세자와 봉림대군이 귀국한 이후 소현세자가 의문의 죽임을 당하고 봉림대군이 효종으로 즉위하면서 조선에서 북벌정책이 본격적으로 논의되게 된다.

| 오답풀이 |
①,②,③ 모두 광해군 시기의 사건이다. 선조 사후 정권을 잡은 광해군의 북인정권은 명과 후금사이에서 중립외교(강홍립 파견, 1619)를 전개하였다. 또한 인목왕후를 폐모시키고 영창대군을 죽이는 계축옥사(1613)가 발생하면서 서인이 주도한 인조반정(1623)으로 광해군의 북인정권이 몰락하고 인조의 서인정권이 수립되었다.

28
| 출제영역 | 임진왜란의 전개과정

답 ④

수군이 해전에서 활약하고, 각지에서 의병이 일어나고, 명의 원군이 도착하는 상황 속에 조선은 대대적인 반격을 가하여 평양성에서 크게 승리한다(1593.1). 조명연합군은 벽제관 전투에서 명군이 참패하며 일시적으로 위기에 빠졌으나, 권율이 행주산성에서 큰 승리(1593.2, ㄷ)를 거두면서, 결국 왜군을 서울에서 몰아내게 된다(1593.4, ㄴ). 이후 일본과 조선간의 강화협상이 결렬되고 정유재란으로 전쟁이 재개되는데, 개전 초 원균이 이끄는 조선 수군은 칠천량에서 크게 패배(1597.7, ㄹ)하였으나, 이순신이 남은 수군을 모아 명량에서 일본 수군을 물리치면서(1597.9, ㄱ) 전쟁을 승리로 이끌게 된다.

29

다음은 임진왜란과 관련된 설명이다. 이를 시간 순으로 나열한 것은?

> ㉠ 신립 장군이 충주의 탄금대에서 왜군과 싸웠으나 패배하였다.
> ㉡ 군민들이 첨사 정발의 지휘 아래 왜군과 싸웠으나 패배하였다.
> ㉢ 조선 수군이 옥포에서 첫 승리를 거두었다.
> ㉣ 왜군이 평양을 점령하였다.

① ㉠ → ㉡ → ㉢ → ㉣
② ㉡ → ㉠ → ㉢ → ㉣
③ ㉠ → ㉡ → ㉣ → ㉢
④ ㉡ → ㉠ → ㉣ → ㉢

30

'가', '나' 사이 시기의 사실에 대한 설명으로 가장 적절하지 않은 것은?

> 가. 국왕이 도원수 강홍립에게 지시하였다. "원정군 가운데 1만은 조선의 정예병만을 선발하여 훈련했다. 이제 장수와 병사들이 서로 숙달하게 되었노라. 그러니 그대는 명군 장수들의 명령을 그대로 따르지만 말고 신중하게 처신하여 오직 패하지 않는 전투가 되도록 최선을 다하라."
> 나. 화친을 맺어 국가를 보존하는 것보다 의를 지켜 망하는 것이 옳다고 하였으나 이는 신하가 절개를 지키는 데 쓰이는 말입니다. …(중략)… 자신의 힘은 헤아리지 아니하고 경망하게 큰 소리를 쳐서 오랑캐의 노여움을 사서 백성이 도탄에 빠지고 종묘와 사직에 제사를 지내지 못하게 된다면 그 허물이 이보다 더 클 수 있겠습니까?

① 서인은 인조반정을 일으켜 정권을 장악하였다.
② 명나라 장수 모문룡이 평안도 가도에 주둔하며 요동탈환을 내세웠다.
③ 환국 정국에서 최종적으로 남인이 몰락하고 송시열계의 노론이 집권하였다.
④ 후금은 압록강을 건너 황해도 지역까지 쳐들어왔다가 화의를 맺고 돌아갔다.

29

답 ②

| 출제영역 | 임진왜란

제시문은 임진왜란의 전개과정을 나열한 것이다. 이를 순서대로 배열하면,
ⓒ 군민들이 첨사 정발의 지휘 아래 왜군과 싸웠으나 패배하였다. (1592. 4. 14.) 부산진 첨사 정발과 동래부사 송상현이 패배한 것으로, 임진왜란 최초의 전투로 볼 수 있다.
㉠ 부산진과 동래성의 패배 소식이 전해지자, 조정은 신립을 도순변사로 임명하여 대비하였다. 그러나 신립은 충주의 탄금대에서 왜군과 싸웠으나 패배하였다.(1592. 4. 28.)
ⓒ 조선 수군이 옥포에서 첫 승리를 거두었다.(1592. 5.)
㉣ 왜군은 20일 만에 한양을 점령하였고, 선조는 세자와 함께 의주로 피난길에 오르게 되었다. 왜군이 북상을 계속하여 평양을 점령(1592. 7.)하게 되자, 선조와 조정 대신들은 정치적으로 타협하여 세자 광해군의 조정인 분조(分朝)를 설치하게 되었다.

30

답 ③

| 출제영역 | 광해군~인조 시기의 사건

제시된 자료 (가)는 광해군 시기 강홍립 파견을 통한 중립외교, (나)는 병자호란 때 주화파 최명길의 주장이다. 즉, 광해군~인조 시기의 사건이 아닌 선지를 골라야 한다. ③의 노론 집권은 숙종 때의 갑술환국(1694)에 대한 설명이므로 (나) 이후의 사건에 해당한다.

| 오답풀이 |

① 서인 세력은 광해군의 중립 외교와 인목대비 폐위에 반발하며 인조반정을 일으켰다(1623).
② 1627년 정묘호란 직전 후금에 쫓긴 명의 장군 모문룡이 이끄는 군대가 조선의 압록강 하구에 있는 섬인 가도에 주둔하였다(1622).
④ 정묘호란에 대한 설명이다. 정묘호란의 결과 후금은 조선과 형제 관계를 맺고 조선과 강화를 체결하였다.

31

다음 인조반정 이후 17세기에 발생한 사실을 순서대로 나열한 것은?

> ㉠ 삼학사(三學士)가 심양에 끌려가 죽임을 당하였다.
> ㉡ 이괄이 평안북도에서 반란을 일으켜 서울까지 점령하는 사태가 벌어졌다.
> ㉢ 후금의 태종은 광해군을 위하여 보복한다는 명분을 내걸고 '정묘호란'을 일으켰다.
> ㉣ 후금이 국호를 청(淸)이라 고치고 조선에 대하여 군신(君臣)의 관계를 맺을 것을 요구해 왔다.

① ㉠ → ㉡ → ㉢ → ㉣
② ㉡ → ㉢ → ㉣ → ㉠
③ ㉢ → ㉠ → ㉡ → ㉣
④ ㉣ → ㉢ → ㉡ → ㉠

32

(가)~(라) 시기에 있었던 사실로 옳은 것은?

	(가)	(나)	(다)	(라)	
연산군 즉위		중종 즉위	효종 즉위	영조 즉위	정조 즉위

① (가) – 현량과를 실시하였다.
② (나) – 무오사화와 갑자사화가 일어났다.
③ (다) – 두 차례에 걸친 예송이 일어났다.
④ (라) – 신해통공으로 금난전권을 폐지하였다.

33

(가)와 (나) 사이의 시기에 있었던 일로 옳은 것은?

> (가) 남인들이 대거 관직에서 쫓겨나고 허적과 윤휴 등이 처형되었다.
> (나) 인현왕후가 복위되고 노론과 소론이 정계에 복귀하였다.

① 송시열과 김수항 등이 처형당하였다.
② 서인과 남인이 두 차례에 걸쳐 예송을 전개하였다.
③ 서인 정치에 한계를 느낀 정여립이 모반을 일으켰다.
④ 청의 요구에 따라 조총부대를 영고탑으로 파견하였다.

34

(가) 시기에 있었던 사실로 옳은 것은?

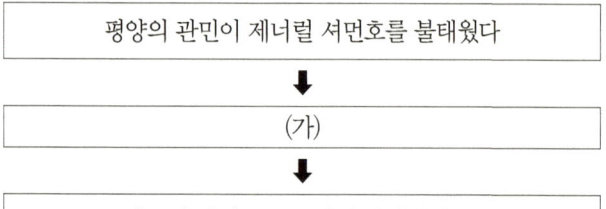

① 고종이 홍범 14조를 발표하였다.
② 일본의 운요호가 초지진을 포격하였다.
③ 오페르트가 남연군의 묘 도굴을 시도하였다.
④ 차별 대우에 불만을 품은 군인이 임오군란을 일으켰다.

31　답 ②

| 출제영역 | 17세기의 사건

제시문은 17세기의 사건들을 나열한 것이다. 이를 순서대로 배열하면, ⓒ 이괄의 난(1624년, 인조 2)에 대한 내용이다. 이괄은 인조반정 때의 공신이었으나 적절한 대우를 받지 못한 것에 불만을 품고 반란을 일으켰다. 한양을 점령하는 등 기세를 올렸으나 곧 관군에 패해 도망가던 중 부하 장수의 배신으로 죽고 말았다.
ⓒ 난이 평정된 이후 이괄의 잔당은 후금으로 도망가 인조의 즉위가 부당하다고 호소하였다. 이에 침략의 기회를 노리던 후금은 광해군을 위해 보복한다는 명분을 내세워 3만여 명의 군사를 이끌고 조선을 침략하였다.(정묘호란, 1627)
ⓔ 병자호란(1636, 인조 14)의 배경에 대한 내용이다. 1636년 후금은 국호를 청(淸)이라 고치고 조선에 대하여 군신(君臣)의 관계를 맺을 것을 요구해 왔다.
㉠ 병자호란(1636, 인조 14)의 결과에 대한 내용으로 삼학사란 병자호란 때 청(淸)나라와 화의를 반대하고 결사 항전을 주장하다가 인조가 항복한 뒤 중국 선양(심양)으로 끌려가 참형 당한 홍익한·윤집·오달제 등 세 명의 학사(學士)를 가리킨다. 병자호란의 결과 소현세자, 봉림대군의 두 왕자와 주전파인 3학사, 그리고 수만 명의 백성이 청에 인질로 끌려갔으며, 3학사는 1637년에 모두 처형되었다.

32　답 ③

| 출제영역 | 사화와 조선 후기 정치 활동

제시된 연표 (가)는 연산군 시기, (나)는 중종, 인종, 명종, 선조, 광해군, 인조 시기, (다)는 효종, 현종, 숙종, 경종 시기, (라)는 영조 시기에 해당한다. ③의 예송논쟁은 효종과 효종 비 사후 효종의 왕위계승의 정통성을 두고 현종 때 벌어진 사건이므로 (다) 시기에 적절한 내용이다.

| 오답풀이 |
① 조광조는 인재를 천거하여 등용하는 '현량과'를 주장하였고, 이를 받아들여 중종 14년(1519)에 시행되었다.
② 김종직의 '조의제문'으로 인한 무오사화(1498)와 연산군의 모후인 폐비 윤씨 사건으로 인해 일어난 갑자사화(1504)는 연산군 때의 일이다.
④ 육의전을 제외한 시전 상인의 금난전권을 폐지한 신해통공은 1791년 정조 때의 일이다.

33　답 ①

| 출제영역 | 환국

(가)는 경신환국(1680), (나)는 갑술환국(1694)을 설명하고 있으므로, 기사환국에 대한 내용인 ①이 정답이다. 기사환국은 송시열이 숙종의 원자 책봉을 비판하면서 벌어진 사건으로, 이로 인해 숙종의 분노를 사게 된 송시열이 사약을 받고, 서인 세력들이 몰락하게 되었다.

| 오답풀이 |
② 현종 대의 일이다. 현종 이전까지 정국은 서인이 우세한 가운데 남인이 연합하여 공존하였으나, 효종의 왕위 계승과 관련하여 두 차례의 예송이 일어나면서 서인과 남인의 대립이 극심해지게 되었다.
③ 선조 대의 일이다. 정여립(1546~1589)은 원래 율곡 이이의 제자로서 명망 있는 서인의 학자였으나, 동인으로 전향 후 낙향하여 대동계(大同契)라는 모임을 조직하게 된다. 대동계가 확대되자 정여립이 역모를 꾀한다는 고변이 있었고, 관련자 1천여 명의 인사들이 처벌되면서 정여립은 스스로 목숨을 끊게 되었다(정여립 모반 사건, 1589).
④ 효종 대의 나선 정벌에 대한 내용이다. 효종 시기 청과 러시아 사이에 국경 분쟁이 일어나자, 조선은 청의 요청으로 조총 부대를 흑룡강 일대로 파견하여 남하하는 러시아군을 정벌하였다.

34　답 ③

| 출제영역 | 개항기에 발생한 사건

첫 번째 사건은 1866년에 일어난 제너럴 셔먼호 사건에 대한 내용이고, 마지막 자료는 1871년에 일어난 신미양요에 대한 내용이다. ③의 오페르트 도굴사건은 1868년 독일 상인이었던 오페르트가 통상을 요구하다 거절당하자, 충남 덕산에 있는 남연군(대원군 아버지)의 묘를 도굴하여 유해를 미끼로 통상을 요구하려 하였던 일로, 제너럴 셔먼호 사건과 신미양요 사이에 발생하였다. 이 사건으로 반외세 감정이 고조되고 흥선 대원군의 통상 수교 거부 의지가 강화되었다.

| 오답풀이 |
① 홍범 14조의 반포는 1894년 2차 갑오개혁 때의 일이다. 2차 갑오개혁 당시 고종은 문무 백관을 거느리고 종묘에 나아가 독립서고문을 바치고, 국정 개혁의 기본 강령인 홍범 14조를 반포하였다.
② 운요호 사건은 1875년으로 신미양요 이후의 일이다. 일본은 흥선 대원군이 물러난 뒤, 무력으로 조선의 문호를 개방시키기 위하여 군함 운요호를 동원하여 강화 해역 깊이 들어와 조선 수비군의 발포를 유도하고, 초지진과 영종도를 포격하여 파괴하였다.
④ 구식 군인에 대한 차별 대우 등이 원인이 되어 일어난 임오군란은 1882년의 일이다.

35

(가) 시기에 있었던 일로 옳은 것은?

```
강화도조약을 체결하였다.
        ↓
       (가)
        ↓
청에 영선사를 파견하였다.
```

① 군국기무처를 두고 여러 건의 개혁안을 처리하였다.
② 개화 정책을 추진할 기구로 통리기무아문을 설치하였다.
③ 국정 개혁의 기본 방향을 담은 홍범 14조를 공포하였다.
④ 구본신참의 개혁 원칙을 정하고 대한국국제를 선포하였다.

36

조선정부는 강화도 조약 체결 이후에 근대 문물을 살펴보고 국정 개혁의 자료를 모으기 위하여 여러 나라에 사절단을 파견하였다. 각 사절단의 파견 순서를 바르게 나열한 것은?

ㄱ. 1차 수신사	ㄴ. 보빙사
ㄷ. 조사시찰단	ㄹ. 영선사
ㅁ. 2차 수신사	

① ㄱ → ㄷ → ㄹ → ㅁ → ㄴ
② ㄱ → ㄹ → ㄷ → ㅁ → ㄴ
③ ㄱ → ㅁ → ㄷ → ㄹ → ㄴ
④ ㄱ → ㅁ → ㄹ → ㄷ → ㄴ

37

(가)와 (나) 사건 사이에 있었던 사실로 옳은 것은?

> (가) 임금은 변이 일어났다는 소식을 듣고 급히 대원군을 불렀으며 대원군은 난병들을 따라 들어갔다. …(중략)… 민겸호가 황급히 대원군을 쳐다보고 호소하되, "대감, 날 좀 살려 주시오!" 하였다. 대원군은 쓴웃음을 지으며, "내 어찌 대감을 살릴 수 있겠소." 하였다.
> – 『매천야록』 –
>
> (나) 청나라 제독군문 원세개가 대궐에 들어와 호위했다. 일본 군대는 퇴각했으며 임금은 북관묘에 행차하셨다. 홍영식과 박영교는 죽임을 당했다. 박영효, 김옥균, 서광범, 서재필 등은 일본군을 끼고 도망쳤다. 임금이 환궁할 때에 원세개는 하도감에 주둔하고 있었다.
> – 『매천야록』 –

① 군국기무처가 설치되었다.
② 이만손 등이 영남만인소를 올렸다.
③ 영국이 거문도를 불법으로 점령하였다.
④ 조선은 일본과 제물포 조약을 체결하였다.

35 답 ②
| 출제영역 | 통리기무아문

강화도조약(1876), 영선사 파견(1881~1882) 사이의 사실로 옳은 것은 '통리기무아문'의 설치(1880)이다. 개항(강화도 조약) 이후 조선 정부가 개화 정책을 추진하였다는 사실과, 통리기무아문이 개화 정책을 총괄하는 기구였다는 내용을 통해 정답을 추론할 수 있다.

| 오답풀이 |
① 군국기무처는 갑오개혁(1차, 1894) 때의 기구이다.
③ 홍범 14조는 갑오개혁(2차, 1894) 때 공포하였다.
④ 대한국국제를 선포한 것은 1899년이다. 대한제국을 국내외에 선포한 뒤 약 2년 후의 일이다.

36 답 ③
| 출제영역 | 개항 이후 사절단 파견

제시문은 강화도 조약 체결 이후 사절단 파견 과정을 나열한 것이다. 이를 순서대로 배열하면,
ㄱ. 1876년 강화도 조약의 체결 이후 김기수를 대표로 1차 수신사가 파견되었다.
ㅁ. 1880년 김홍집을 대표로 2차 수신사를 파견되었다.
ㄷ,ㄹ. 1880년 통리기무아문의 설치 이후 1881년 봄에 일본에 조사시찰단이 가을에 청으로 영선사를 파견하였다.
ㄴ. 보빙사는 1882년 조·미수호통상 조약의 체결 이후 공사 푸트의 내한에 대한 답으로 1883년 보빙사를 파견하였다.

37 답 ④
| 출제영역 | 임오군란과 갑신정변

(가)는 임오군란(1882년), (나)는 갑신정변(1884년)이다. 변란을 해결하기 위해 대원군을 불렀다는 것에서 임오군란임을 추측할 수 있고, 홍영식의 죽음 일본 군대의 퇴각 등을 통해 갑신정변임을 추측할 수 있다. 두 사건 사이 시기에 있었던 일로 옳은 것은 ④번 선지이다. 조선과 일본 사이에 체결된 제물포조약은 임오군란으로 맺어진 양군 사이의 문제를 처리하기 위한 것이었다. 일본이 입은 피해에 대한 배상책임과 관련자 처벌 등을 약속하고, 공사관에 경비병을 주둔할 수 있는 규정이 들어 있는 조약이다.

| 오답풀이 |
① 군국기무처는 제1차 갑오개혁 시기에 만들어진 기구이다(1894년).
② 영남만인소는 1881년에 올린 집단 상소로, 제2차 수신사로 갔던 김홍집이 가져온 『조선 책략』의 유포와 조정의 개화정책에 반발한 것으로 볼 수 있다.
③ 영국이 거문도를 불법 점령한 것은 1885년의 일이다.

38

(가), (나) 격문이 발표된 사이의 시기에 있었던 사실로 옳은 것을 〈보기〉에서 모두 고른 것은?

> (가) 우리가 의로운 깃발을 들어 이곳에 이름은 그 뜻이 결코 다른 데 있지 아니하고 창생을 도탄 속에서 건지고 국가를 반석 위에 두고자 함이다. 안으로는 양반과 탐학한 관리의 목을 베고 밖으로 횡포한 강적의 무리를 내몰고자 함이다.
>
> (나) 일본 오랑캐가 분란을 야기하고 군대를 출동하여 우리 임금님을 핍박하고 우리 백성들을 뒤흔들어 놓았으니 어찌 차마 말할 수 있겠습니까. …… 지금 조정의 대신들은 망령되이 자신의 몸만 보전하고자 위로는 임금님을 협박하고 아래로는 백성들을 속이며 일본 오랑캐와 내통하여 삼남 백성들의 원망을 샀습니다.

〈보기〉
ㄱ. 조선 정부가 개혁 기구인 교정청을 설치하였다.
ㄴ. 동학 농민군과 관군이 전주 화약을 체결하였다.
ㄷ. 조선 정부가 조병갑을 파면하고 박원명을 고부 군수로 임명하였다.
ㄹ. 동학교도들이 전라도 삼례에서 교조 신원을 요구하는 집회를 벌였다.

① ㄱ, ㄴ　② ㄱ, ㄹ　③ ㄴ, ㄷ　④ ㄷ, ㄹ

39

'가', '나' 사이 시기에 있었던 사실로 가장 적절한 것은?

> 가. 김홍집 중심의 새 정권은 군국기무처를 설치하고, 갑신정변의 정강과 동학 농민군의 요구를 반영하여 개혁을 추진하였다.
> 나. 고종은 비로소 머리를 깎고 내외 신민에게 명하여 모두 깎도록 하였다.

① 경인선이 개통되었다.
② 원산학사가 설립되었다.
③ 거문도 사건이 일어났다.
④ 홍범 14조를 반포하였다.

40

〈보기〉의 사건을 시간 순으로 바르게 나열한 것은?

〈보기〉
ㄱ. 아관파천　　ㄴ. 전주화약 체결
ㄷ. 홍범 14조 발표　ㄹ. 군국기무처 설치

① ㄱ-ㄷ-ㄴ-ㄹ
② ㄴ-ㄹ-ㄷ-ㄱ
③ ㄷ-ㄱ-ㄹ-ㄴ
④ ㄹ-ㄴ-ㄱ-ㄷ

38　답 ①
| 출제영역 | 동학농민운동

(가)는 1894년 3월 백산에서 발표한 창의문이고, (나)는 공주 공격을 앞둔 전봉준이 남북접 농민군이 합세한 직후인 10월에 관군의 동참을 촉구하는 글을 충청감사 박제순에게 보낸 것 중 일부를 발췌한 것이다. 거칠고 쉽게 말하면 1차 봉기와 2차 봉기 사이 시기에 있었던 사실을 묻는 것이다. 옳은 것은 ㄱ, ㄴ이다. 1894년 5월 8일에 전주 화약이 체결되었고, 이에 따라 개혁 기구인 교정청이 설치되었다.

| 오답풀이 |
ㄷ. 새로 부임한 박원명이 사태를 잘 수습하고 농민들도 흩어져 귀가하였는데, 안핵사로 임명된 이용태가 민란의 책임을 농민과 동학의 무리로 돌리면서, 전봉준 등은 백산에서 일어났다.
ㄹ. 삼례 집회는 1892년 10월과 11월에 걸쳐 일어난 것으로 동학 농민 운동 이전 시기의 일이다.

39　답 ④
| 출제영역 | 갑오개혁~을미개혁 시기의 사건

제시된 자료 (가)는 1894년 6월에 실시된 제1차 갑오개혁, (나)는 1895년 을미개혁 시기 단발령 시행에 대한 내용이다. ④의 홍범 14조는 1894년 12월의 제2차 갑오개혁 시기에 발표되었던 개혁정강이므로, (가), (나) 사이의 사실로 적절하다.

| 오답풀이 |
① 우리나라 최초의 철도인 경인선 개통은 1899년의 사건이다.
② 1883년에 설립된 원산학사는 우리나라 최초의 근대 사립학교로 함경도 덕원 주민들과 개화파 인사들의 합자로 설립되었다.
③ 영국의 거문도 점령은 1885년의 사실이다.

40　답 ②
| 출제영역 | 개화기의 사건

보기는 개화기에 발생한 사건들을 나열한 것이다. 이를 순서대로 배열하면,
ㄴ. 전주화약 체결은 1894년 5월의 일이다. 동학농민운동군과 정부는 천일 양국군이 국내로 들어오자, 외국군 철수와 폐정 개혁을 조건으로 전주 화약을 체결하였으며, 이후 동학농민군은 호남 각 지역에 집강소를, 중앙 정부에서는 교정청을 설치하여 개혁을 시도하였다.
ㄹ. 군국기무처 설치는 1894년 7월의 일이다. 일본군은 경복궁을 점령하고 청일 전쟁을 일으킨 이후, 교정청을 폐지하고 1차 갑오개혁의 주체가 되었던 군국기무처를 설치하였다.
ㄷ. 홍범14조 발표는 1895년 1월의 일이다. 청일 전쟁에서 일본이 점차 승기를 잡자, 일본의 내정 간섭은 더욱 심화되었으며, 2차 갑오개혁 초기 홍범 14조를 반포하여 개혁의 방향성을 발표하고 여러 개혁을 추진해 나갔다.
ㄱ. 아관파천은 1896년 2월의 일이다. 삼국간섭 이후 민씨세력이 친러적인 입장을 보이자 일본은 을미사변을 일으켜 명성황후를 시해하였으며, 을미사변 이후 신변의 위협을 느낀 고종은 러시아 공사관으로 피신하였다.

41

(가) 시기에 해당되는 사실로 옳은 것은?

> 방금 안핵사 이용태의 보고에 따르면 "죄인들이 대다수 도망치는 바람에 조사하지 못하였다"라고 하였다.
> — 『승정원일기』 —

↓

(가)

↓

> 전봉준은 금구 원평에 앉아 (전라) 우도에 호령하였으며, 김개남은 남원성에 앉아 좌도를 통솔하였다. — 갑오약력

① 논산에서 남·북접의 동학군이 집결하였다.
② 우금치 전투에서 동학군이 일본군과 격전을 벌였다.
③ 동학교도 궁궐 앞에서 교조 신원을 주장하는 집회를 열었다.
④ 백산에서 전봉준이 보국안민을 위해 궐기하라는 통문을 보냈다.

42

국권이 침탈되기까지의 과정을 시기 순으로 바르게 나열한 것은?

> ㄱ. 헤이그 특사 파견을 문제 삼아 고종 황제를 강제로 퇴위시켰다.
> ㄴ. 일본인 메가타를 재정 고문으로, 미국인 스티븐스를 외교 고문으로 임명하도록 하였다.
> ㄷ. 대한제국의 사법권을 빼앗고 감옥 사무를 장악하였다.
> ㄹ. 통감이 추천한 일본인을 대한제국의 관리로 임명하도록 하였다.

① ㄱ → ㄴ → ㄷ → ㄹ
② ㄴ → ㄱ → ㄹ → ㄷ
③ ㄴ → ㄷ → ㄱ → ㄹ
④ ㄹ → ㄴ → ㄱ → ㄷ

43

〈보기〉의 사건을 시간순으로 바르게 나열한 것은?

> 보기
> ㄱ. 일본군이 인천항에 정박한 러시아군함 2척을 공격
> ㄴ. 대한제국정부의 국외중립 선언
> ㄷ. 일본군이 러시아에 선전포고
> ㄹ. 한일의정서 체결

① ㄱ-ㄹ-ㄴ-ㄷ
② ㄴ-ㄱ-ㄷ-ㄹ
③ ㄱ-ㄷ-ㄹ-ㄴ
④ ㄴ-ㄹ-ㄷ-ㄱ

44

다음은 항일의병에 대한 설명이다. 이를 일어난 순서대로 바르게 나열한 것은?

> ㉠ 그들은 국모 시해와 단발령에 반발하여 일어났다.
> ㉡ 평민 출신 의병장인 신돌석이 항일의병 활동을 시작했다.
> ㉢ 일본군의 '남한대토벌작전' 이후 많은 의병들은 간도와 연해주 등으로 근거지를 옮겨 일제에 항전을 계속했다.
> ㉣ '한·일신협약'으로 해산된 군인들이 의병에 합류하기 시작했다.

① ㉠-㉡-㉢-㉣
② ㉠-㉡-㉣-㉢
③ ㉠-㉣-㉡-㉢
④ ㉠-㉣-㉢-㉡

41 답 ④
| 출제영역 | 동학농민운동

안핵사 이용태의 악행(1894년 2월)과 집강소의 설치(1894년 5월) 사이의 일을 묻는 문제이다. 안핵사로 파견된 이용태가 고부 농민 봉기의 관련자들을 역적죄로 몰아 혹독하게 탄압하자 (가)에서 전봉준, 김개남 등은 무장에서 농민군을 재조직하고, 백산에서 4대 강령과 격문을 발표하였으므로, ④가 (가)에 들어갈 내용으로 적절하다.

| 오답풀이 |
① 일본군이 무력으로 경복궁을 점령하고, 군국기무처를 설치하여 조선의 내정을 간섭하자 일본군 타도를 목적으로 동학농민군이 재봉기하였다. 1894년 9월에 전봉준이 이끄는 남접과 손병희가 이끄는 북접은 논산에서 합류하였는데, 이는 (가) 이후에 전개된 사실이다.
② 전봉준이 이끄는 남접과 손병희가 이끄는 북접은 논산에 집결한 뒤 서울로 진격하던 중 공주 우금치 전투에서 관군과 일본군의 우세한 화력을 극복하지 못하고 크게 패배하였다. 우금치 전투는 1894년 11월이므로 (가) 이후에 전개된 사실이다.
③ 동학 교도들이 교조신원운동을 벌인 시기는 1893년 2월 무렵이므로 (가) 이전의 사건이다. 동학교도들은 교조신원 운동을 통해 포교의 자유를 보장받고, 정부의 탄압으로 처형당한 교조 최제우의 누명을 벗기고자 하였다.

42 답 ②
| 출제영역 | 일제의 국권 침탈 과정

제시문은 일제의 국권 침탈 과정을 나타낸 것이다. 이를 순서대로 배열하면,
ㄴ. 일제는 1904년 8월에 22일에 체결된 제1차 한일 협약을 통해서 재정 고문으로 메가타를, 외교 고문으로 스티븐스를 초빙하여 고문 정치를 시작하였다.
ㄱ. 1907년 7월 20일에 통감 이토 히로부미는 헤이그 특사 파견을 구실로 고종을 협박하여 순종에 대한 양위의 형식을 빌어 고종을 폐위하였다.
ㄹ. 고종을 강제 퇴위 시킨 후 1907년 7월 24일에 정미 7조약(한일 신협약)을 체결하여 통감의 권한을 확대하고 고등 관리 임용 시에는 반드시 통감의 동의를 얻도록 하였고 일본인을 한국관리로 임명할 수 있도록 하였다.
ㄷ. 1909년 7월 12일에 기유각서를 체결하여 사법권을 박탈하고 감옥 사무 관할도 일본으로 넘어갔다.

43 답 ②
| 출제영역 | 근대의 사건

제시문은 1904년도에 일어난 사건들을 나열한 것이다. 이를 순서대로 배열하면,
ㄴ. 러시아와 일본 간의 긴장이 높아지자 대한 제국은 중립을 선언하였다.(1904. 1. 23.)
ㄱ. 일본은 뤼순항에 정박해 있던 러시아 함대를 어뢰로 공격하여 전함 2척과 순양함 1척을 침몰시켰으며(1904. 2. 8.), 인천항에 정박한 러시아군함 2척을 공격하였다(1904. 2. 9.)
ㄷ. 일본은 선제공격을 감행한 후에 러시아에 선전포고하였다.(1904. 2. 10.)
ㄹ. 일본은 러일전쟁 중에 한일의정서를 체결(1904. 2. 23.)하여 한반도에서 군사상 필요한 곳을 마음대로 사용하였다.

44 답 ②
| 출제영역 | 한말 항일 의병투쟁의 전개

㉠ 을미의병(1895)는 명성황후 시해사건(을미사변)과 단발령(斷髮令) 조치에 반발하여 유림 의병장들을 중심으로 전개되었다.
㉡ 을사조약의 강제 체결에 항거한 을사의병(1905)은 기존의 유림 출신 의병장 외에도 신돌석과 같은 평민 출신 의병장들도 참여하였다.
㉢ 이른바 한일 신협약, 즉 정미7조약(1907)으로 대한제국의 군대와 경찰이 강제해산 되면서 해산된 군대가 항일의병투쟁에 대거 합류하였다.
㉣ 1908~1909년 일제의 남한 대토벌 작전으로 국내에서의 항일 의병투쟁을 지속하기 어려워지면서, 의병장들은 간도(間島)·연해주(沿海州) 등 해외로 이주하여 독립군 기지를 설립하고 항일무장투쟁을 준비하였다.

45
(가), (나) 시기 사이에 있었던 사실만을 〈보기〉에서 모두 고른 것은?

> (가) 수신사 김홍집이 가져와 유포한 황준헌의 사사로운 책자를 보노라면, …… 러시아 · 미국 · 일본은 같은 오랑캐입니다.……
> (나) 이미 국모의 원수를 생각하며 이를 갈았는데, … 이에 감히 먼저 의병을 일으키고서 마침내 이 뜻을 세상에 포 고하노라.……

〈보기〉
ㄱ. 관민 공동회가 개최되었다.
ㄴ. 교육 입국 조서가 반포되었다.
ㄷ. 영국이 거문도를 불법 점령하였다.
ㄹ. 나철이 대종교를 창시하였다.

① ㄱ, ㄴ ② ㄱ, ㄹ ③ ㄴ, ㄷ ④ ㄷ, ㄹ

46
(가)에 들어갈 내용으로 가장 적절한 것은?

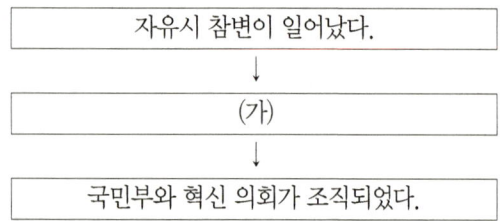

① 한국광복군이 창설되었다.
② 봉오동에서 승리를 거두었다.
③ 대조선 국민군단이 조직되었다.
④ 참의부 · 정의부 · 신민부가 성립되었다.

47
(가) ~ (라)를 일어난 순서대로 바르게 나열한 것은?

> (가) 서일을 총재로 조직된 대한 독립군단은 일본군을 피해 러시아 영토인 자유시로 집결하였다.
> (나) 김좌진이 이끄는 북로 군정서군이 백운평 전투와 천수평, 어랑촌 전투에서 대승을 거두었다.
> (다) 일본군이 청산리 대첩 패전에 대한 보복으로 간도 동포를 무차별로 학살하였다.
> (라) 참의부, 정의부, 신민부의 3부가 혁신의회와 국민부로 재편되었다.

① (가) - (나) - (다) - (라)
② (나) - (다) - (가) - (라)
③ (나) - (라) - (가) - (다)
④ (라) - (다) - (나) - (가)

48
다음 사실들을 시기 순으로 바르게 나열한 것은?

> ㉠ 홍범도, 최진동, 안무 등이 연합하여 봉오동에서 일본군을 급습하여 크게 이겼다.
> ㉡ 윤봉길이 상하이에서 폭탄을 던져 일본군 장성과 다수의 고관을 살상하였다.
> ㉢ 연해주 지역에 한인 집단촌인 신한촌이 건설되고, 대한광복군 정부가 조직되었다.
> ㉣ 한국 독립당, 조선 혁명당, 의열단을 비롯한 여러 단체의 인사들이 민족 혁명당을 창건하였다.

① ㉠, ㉡, ㉢, ㉣
② ㉡, ㉢, ㉣, ㉠
③ ㉢, ㉠, ㉡, ㉣
④ ㉣, ㉢, ㉠, ㉡

45　답 ③

| 출제영역 | 개화기의 사실

(가)는 1881년 영남 유림 이만손 등 1만 여명이 올린 만인소이고, (나)는 유인석의 격고팔도열읍(음력 1895년 12월 24일)의 내용을 일부 발췌한 것이다. 조선책략의 유포, 국모의 원수(을미사변) 등을 통하여 연대를 추측할 수 있을 것이다. (가)와 (나) 시기 사이에 있었던 사실은 ㄴ, ㄷ이다.
ㄴ. 교육 입국 조서 반포(1895년 2월)는 제2차 갑오개혁 시기의 사실이므로 을미사변 이전으로 판단할 수 있을 것이다.
ㄷ. 영국은 러시아의 조선 진출을 견제하기 위해 1885년 3월 1일부터 1887년 2월 5일까지 거문도를 불법 점령하였다.

| 오답풀이 |
ㄱ. 관민공동회는 1898년 10월 28일부터 11월 3일까지 독립협회가 서울 종로에서 관민을 모아 개혁을 논의하기 위해 열린 집회로 헌의 6조가 채택되었다.
ㄹ. 대종교는 1909년에 창시되었다.

46　답 ④

| 출제영역 | 1920년대의 독립운동

자유시 참변은 1921년 6월, 국민부와 혁신의회 조직은 1928~1929년의 사실이다. ④의 참의부(1923)·정의부(1924)·신민부(1925)는 자유시 참변 이후 러시아에서 물러난 독립군들이 만주에서 재정비하며 설립되 단체들이므로 (가) 시기에 적절하다.

| 오답풀이 |
① 1940년 9월의 사건이다.
② 1920년 6월의 사건이다.
③ 1914년 미주 지역에서 박용만을 중심으로 조직되었다.

47　답 ②

| 출제영역 | 1920년대 독립운동

제시문은 1920년대 국외 독립운동 과정을 나열한 것이다. 이를 순서대로 배열하면,
(나) 1920년 10월 일어난 청산리 대첩에 대한 설명이다. 북로군정서와 대한 독립군 등의 독립군 부대는 청산리 부근으로 집결하여 일본군과 일전을 계획하고, 전투에 유리한 백운평, 완루구, 어랑촌, 고동하 등지에서 일본군과 맞섰다. 그 결과 많은 일본군을 사살하였으며, 독립 전쟁사에서 가장 큰 승리로 기록되었다.
(다) 청산리 대첩 직후 있었던 간도 참변에 대한 설명이다. 봉오동 전투와 청산리 대첩에서 독립군에 대패한 일본군은 독립군의 지지 기반을 무너뜨리려는 목적으로 간도 지역의 한인 마을을 습격하여 가옥, 학교 등을 불태우고 우리 동포를 무차별 학살하는 만행을 저질렀다.
(가) 청산리 대첩 이후 일본군의 계속되는 공세를 피하고, 일본군에 장기 항전을 펼치기 위해 북만주의 밀산에 집결한 독립군 부대는 서일을 총재로 하는 대한 독립군단을 결성하였다(1920.12).
(라) 1920년대 후반 3부 통합 운동을 통해 참의부, 정의부, 신민부가 북만주의 혁신의회(1928)와 남만주의 국민부(1929)로 통합되었다.

48　답 ③

| 출제영역 | 일제강점기 국외 독립운동

제시된 사건들은 일제강점기 국외에서 벌어진 독립운동활동들이다. 이를 시기 순으로 나열하면,
ⓒ 연해주에서 이상설을 정통령, 이동휘를 부통령으로 대한광복군정부(1914)가 수립되었다.
㉠ 1920년 6월에 있었던 봉오동 전투에 대한 내용이다.
ⓒ 한인애국단의 윤봉길은 홍커우 공원 상하이 사변 전승 축하 행사에서 폭탄을 투척(1932.4.)하였고, 장제스는 '중국의 1억 인구가 못한 일을 한국의 청년이 해냈다'라며 임시정부의 중국 내 무장 활동을 허용하고 지원하였다.
㉣ 한국독립당(조소앙), 조선혁명당(지청천), 의열단(김원봉) 등은 연합하여 민족혁명당(1935)을 창당하였다.

49

(가)~(라)의 사건들을 발생 순서대로 옳게 나열한 것은?

> (가) 조선민족전선연맹 산하에 조선의용대를 창설하였다.
> (나) 대한독립군단이 자유시에서 참변을 당하였다.
> (다) 한국독립군이 한·중연합 작전으로 쌍성보에서 전투를 전개하였다.
> (라) 임시 정부에서 한국광복군을 조직하였다.

① (가) → (나) → (다) → (라)
② (가) → (나) → (라) → (다)
③ (나) → (가) → (다) → (라)
④ (나) → (다) → (가) → (라)

50

다음 사실들을 시기 순으로 바르게 나열한 것은?

> ㄱ. 김좌진을 중심으로 한 신민부가 조직되었다.
> ㄴ. 민족협동전선론에 따라 정우회가 조직되었다.
> ㄷ. 노동 조건의 개선을 요구한 원산 노동자 총파업이 일어났다.
> ㄹ. 백정의 사회적 차별을 철폐하고자 하는 형평사가 창립 되었다.

① ㄱ → ㄴ → ㄹ → ㄷ
② ㄱ → ㄹ → ㄷ → ㄴ
③ ㄹ → ㄱ → ㄴ → ㄷ
④ ㄹ → ㄷ → ㄱ → ㄴ

51

다음의 사건을 시기순으로 바르게 나열한 것은?

> (가) 제헌국회가 구성되어 헌법을 제정하였다.
> (나) 여운형과 김규식은 좌우합작위원회를 조직하였다.
> (다) 조선건국동맹을 기반으로 조선건국준비위원회가 조직되었다.
> (라) 민주주의 임시정부 수립을 논의하기 위해 제1차 미·소공동위원회가 열렸다.

① (가) - (다) - (나) - (라)
② (나) - (다) - (라) - (가)
③ (다) - (라) - (나) - (가)
④ (라) - (나) - (가) - (다)

52

〈보기〉의 사실들을 시간순으로 나열했을 때 세 번째에 해당하는 것은?

> 〔 보기 〕
> ㄱ. 제2차 미·소 공동위원회 결렬
> ㄴ. 좌·우 합작 위원회, '좌·우 합작 7원칙'에 합의
> ㄷ. 이승만, 정읍 발언에서 남한만의 정부 수립 주장
> ㄹ. 유엔 소총회, 가능한 지역에서만 총선거 실시 결의

① ㄱ   ② ㄴ   ③ ㄷ   ④ ㄹ

49 답 ④
| 출제영역 | 일제강점기 무장독립운동

제시문은 일제강점기 국외 무장독립운동의 전개과정을 나열한 것이다. 이를 순서대로 배열하면,
(나) 봉오동 전투 이후 일제는 만주의 무장 독립군을 완전히 소탕하기 위해 대대적인 토벌 작전을 벌였고, 결국 대한 독립 군단은 1921년 민족의 독립 운동을 지원하겠다는 러시아 적군의 약속을 믿고 러시아의 자유시로 옮겨가게 되었다. 그러나 일본의 압력을 받은 러시아 적색군 일부가 독립군의 무장 해제를 요구하였고, 이에 불응한 독립군을 적색군이 공격하면서 독립군이 큰 피해를 입게 되었다(자유시 참변).
(다) 한국 독립군은 중국의 여러 부대들과 연합하여 북만주 일대에서 일본군과 직접적인 항일 무장 투쟁을 전개하였다. 총사령 지청천이 이끄는 한국 독립군은 1932년 초부터 쌍성보, 경박호, 사도하자, 동경성, 대전자령 등지에서 일본군과 수많은 전투를 치렀다.
(가) 조선의용대는 중국 국민당 정부의 지원을 받은 조선민족전선연맹 산하 군사조직으로 1938년 중국 관내 최초의 한인 무장 부대로 창설되었다.
(라) 1940년 9월 지청천을 총사령관으로 하여 창설된 한국광복군은, 1942년 김원봉이 이끄는 조선 의용대의 일부 병력이 편입됨으로써 병력이 증강되고 군대로서 모습이 갖춰지기 시작하였다.

50 답 ③
| 출제영역 | 일제 강점기의 사건

제시문은 1920년대의 사건들이다. 이를 순서대로 나열하면,
ㄹ. 1923년 설립된 조선 형평사는 '저울처럼 평등한 사회를 만들자'라는 취지 아래 백정들의 사회적 평등을 추구하는 운동을 전개하였다.
ㄱ. 신민부는 대한 독립군단과 대한 독립 군정서 등 자유시 참변 이후 귀환한 독립군을 중심으로 북만주에서 결성되었다(1925.3).
ㄴ. 사회주의계 단체인 정우회는 1926년에 조직되었다. 정우회는 일제의 탄압을 받는 상황에서 비타협적 민족주의 세력과의 제휴를 모색하면서 '정우회 선언'을 발표하였다. 이는 신간회 창립의 배경으로도 작용하였다.
ㄷ. 원산 노동자 총파업은 1928년 9월 문평 석유 공장의 일본인 감독이 한국인 노동자를 구타한 사건이 계기가 되어 일어났다. 당시 노동자 3,000여 명이 조직적으로 파업을 전개하였으며, 1929년 1월에서 4월에 걸쳐 원산의 노동자 1만여 명이 일제의 탄압에도 불구하고 동맹 파업을 감행하였다.

51 답 ③
| 출제영역 | 해방전후사의 전개

제시문은 해방직후 발생한 사건들을 나열한 것이다. 이를 순서대로 배열하면,
(다) 조선건국준비위원회는 해방 직후인 1945년 8월 15일에 조직되었다.
(라) 제1차 미소 공동위원회 개최는 1946년 3월 20일의 사건이다.
(나) 좌우합작 위원회 조직은 1946년 7월 25일의 사건이다. 1946년 5월 제1차 미소 공동위원회가 결렬되면서 미국은 좌우합작을 적극적으로 추진하였는데, 이는 남한 지역에서 우익 진영의 정치적 영향력이 미약하였기에 미국이 미소공동위원회를 결렬시켜 시간을 번 다음 우익 정치세력을 강화하고 좌익 세력을 약화시키려고 하였기 때문이다.
(가) 헌법 제정은 1948년 7월 17일(제헌헌법)에 이루어졌다.

52 답 ①
| 출제영역 | 대한민국 정부 수립 과정

제시문은 대한민국의 정부 수립과정을 나열한 것이다. 이를 순서대로 배열하면,
ㄷ. 1946년 5월에 제1차 미·소 공동 위원회가 결렬되자 다음 달인 6월에 이승만 전라북도 정읍에서 행한 연설에서 남한만이라도 임시 정부 또는 위원회 같은 것을 조직하여야 한다고 주장하였는데, 이를 정읍 발언이라 한다.
ㄴ. 제1차 미·소 공동 위원회의 결렬되고, 이승만의 정읍 발언으로 남한만의 단독 정부 수립론이 제기되자 1946년 7월에 김규식·여운형 등의 중도 세력 등이 좌우 합작 위원회를 결성하였으며, 이들이 1946년 10월에 좌우 합작 7원칙을 발표하였다.
ㄱ. 1947년 5월에 제2차 미·소 공동 위원회가 개최되었으나 1차 때와 마찬가지로 임시 정부 수립에 참여할 단체 문제로 미·소 양국이 대립하였다. 결국 1947년 8월에 제2차 미·소 공동 위원회도 결렬되어 미국은 한반도 문제를 국제 연합(UN)에 상정(1947.9)하기로 하였다.
ㄹ. 1947년 11월에 유엔 총회에서 인구 비례에 따른 총선거를 실시할 것이 결정되었으나 소련의 반대로 유엔 총회의 결의안이 시행되지 못하여 1948년 2월에 유엔 소총회를 열어 선거가 가능한 지역(남한)이라도 총선거를 실시하도록 결의하였다.
따라서 세 번째 순서인 ㄱ의 ①이 정답이다.

53

가, 나 사이 시기에 있었던 사실로 가장 적절한 것은?

> 가. 4월 3일 새벽 2시를 전후하여 남로당 제주도당을 중심으로 한 무장대가 제주 도내의 12개 지서를 일제히 공격하고, 경찰과 서북 청년회 숙소, 독립 촉성 국민회와 대동 청년단 등 우익 단체 요인의 집을 습격하였다.
> 나. 여수 주둔 국방 경비대 제14연대 소속의 일부 병사가 제주 4·3 사건 진압 출동을 거부하면서 '통일 정부 수립, 제주 출동 반대' 등의 구호를 내세우며 무장봉기하였다.

① 6·25 전쟁이 일어났다.
② 장면 내각이 구성되었다.
③ 발췌 개헌이 통과되었다.
④ 5·10 총선거가 실시되었다.

54

다음 사건들이 일어난 순서대로 옳게 나열한 것은?

> (가) 김구와 김규식은 통일 정부 수립을 목표로 한 남북 협상을 위해 38도선을 넘었다.
> (나) 유엔 한국 임시 위원단의 감시 아래 총선거가 시행되었다.
> (다) 임시 정부의 수립을 협의하기 위한 제1차 미·소 공동 위원회가 서울에서 개최되었다.
> (라) 모스크바 3국 외상 회의에서 최장 5년 간의 신탁 통치를 거쳐 한국을 독립시킨다는 것이 결의되었다.
> (마) 여운형 등 중도 세력은 미 군정의 지원을 바탕으로 좌우 합작 위원회를 조직하였다.

① (다)-(나)-(가)-(마)-(라)
② (다)-(라)-(마)-(가)-(나)
③ (라)-(다)-(마)-(가)-(나)
④ (라)-(다)-(가)-(마)-(나)

55

〈보기〉의 상황을 한국전쟁의 전개과정에 따라 순서대로 바르게 나열한 것은?

> **보기**
> ㄱ. 유엔군이 인천 상륙 작전에 성공하였다.
> ㄴ. 중국군이 대규모 병력을 파견하기 시작하였다.
> ㄷ. 판문점 부근에서 휴전회담이 열리기 시작하였다.
> ㄹ. 이승만 정부가 반공포로 석방 조치를 실행하였다.

① ㄱ-ㄴ-ㄷ-ㄹ
② ㄱ-ㄷ-ㄹ-ㄴ
③ ㄴ-ㄱ-ㄷ-ㄹ
④ ㄴ-ㄹ-ㄱ-ㄷ

56

(가), (나) 발표 시기 사이에 있었던 사실로 옳은 것은?

> (가) 우리 진보당은 오늘 국민 대중의 절대적 기대와 촉망을 받으면서 우렁찬 고고(呱呱)의 소리를 울렸습니다. 우리 진보당은 광범한 근로 민중의 이익 실현을 위하여 노력하고 투쟁하는 근로 대중 자신의 민주적 혁신적 정당입니다.
> (나) 상아의 진리탑을 박차고 거리에 나선 우리는 질풍과 같은 역사의 조류에 자신을 참여시킴으로써, 지성과 진리, 그리고 자유의 대학 정신을 현실의 참담한 박토에 뿌리려 하는 바이다.

① 6·3 시위가 전개되었다.
② 사사오입 개헌이 이루어졌다.
③ 신국가보안법이 국회에서 통과되었다.
④ 민주당이 분화되어 신민당이 창당되었다.

53 답 ④
| 출제영역 | 4.3 사건~여순 사건 사이의 사건

제시된 자료 (가)는 1948년 4월 3일에 발발한 제주 4·3 사건, (나)는 1948년 10월 19일에 발발한 여수·순천 10·19 사건이다. ④의 5·10 총선거는 1948년 5월 10일에 실시된 우리나라 최초의 국회의원 선거이므로, (가)와 (나) 사이의 사건으로 적절하다.

| 오답풀이 |
① 6·25 전쟁은 1950년 6월의 사건이다.
② 장면 내각 구성은 1960년 8월의 사건이다.
③ 발췌 개헌 통과는 1952년 7월의 사건이다.

54 답 ③
| 출제영역 | 광복과 대한민국 정부의 수립

(라) 모스크바 3국 외상 회의 개최는 1945년 12월의 사실이다.
(다) 제1차 미·소 공동 위원회의 개최는 1946년 3월의 사실이다.
(마) 여운형과 김규식 등의 중도 세력을 중심으로 한 좌우 합작 위원회의 조직은 1946년 7월의 사실이다.
(가) 통일 정부 수립을 위한 남북 협상은 1948년 4월의 사실이다.
(나) 유엔 한국 임시 위원단의 감시 아래 남한만의 총선거 실시는 1948년 5월 10일의 사실이다.

55 답 ①
| 출제영역 | 6.25 전쟁

ㄱ. 유엔군의 인천 상륙 작전은 1950년 9월의 사건이다. 인천 상륙작전의 성공을 통해 UN군의 반격의 교두보가 마련되었다.
ㄴ. 중국군의 개입은 1950년 10월의 사건이다. 중국군의 공세에 밀려 흥남철수작전이 시작되었으며 1951년 1월에는 서울이 재함락 되었다.
ㄷ. 휴전회담 시작은 1951년 7월부터이다. 소련이 휴전을 제안했으며, 유엔군과 공산군이 이를 받아들이면서 회담이 시작되었다.
ㄹ. 이승만 정부가 반공 포로를 석방한 것은 1953년 6월의 일이다. 이승만 정부는 휴전 협상 과정에서 반공 포로를 석방했으며, 휴전 조건으로 주한미군 주둔과 경제 및 군사원조를 요구했다.

56 답 ③
| 출제영역 | 이승만 정부 시기의 사건

(가)는 1956년 진보당 창당 선언문, (나)는 1960년 서울대학교 문리대 학생의 4·19 선언문의 내용이다. ③의 신국가보안법(국가보안법 개정안)은 1958년 이승만의 자유당이 반공 투쟁 위원회를 구성해 자유당 단독으로 통과시킨 법으로, 야당 및 각계 반대층을 탄압하는 수단으로 사용되었다. 진보당을 창당한 야당의 조봉암 역시 국가보안법의 적용을 받아 1959년 7월 교수형에 처해졌다.

| 오답풀이 |
① 6.3시위는 박정희 정부 시기인 1964년 일본과의 굴욕적인 한일회담에 대해 대학생들을 중심으로 일어난 항의 시위이다.
② 사사오입 개헌은 1954년의 사건이다. 자유당은 이승만 대통령의 장기 집권을 위해 초대 대통령에 한하여 3선 제한을 철폐하는 헌법 개정안을 국회에 제출하였는데, 투표결과 당시 의결 정족수인 135.33명에 못미치는 135명이 찬성하여 법안이 부결되었으나, 자유당은 '사사오입' 즉, 135.33명을 반올림하면 135명이 된다는 논리를 내세워 법안 통과를 강행하였다.
④ 장면 내각 시기인 1960년에는 민주당 내부의 구파와 신파 간의 갈등이 지속되어 구파가 분당하여 신민당을 창당하였다.

57

대한민국의 현대사 사건들을 발생한 순서대로 가장 적절하게 나열한 것은?

> ㉠ 베트남 파병이 이루어지면서 미국과 한국 사이에 한국군의 현대화와 경제 협력을 약속하는 각서가 체결되었다.
> ㉡ 근로기준법의 준수를 요구하며 전태일이 분신하는 사건이 발생하였다.
> ㉢ 7월 4일 역사적인 남북 공동 성명이 서울과 평양에서 발표되었다.
> ㉣ 북한이 보낸 30여 명의 무장 공비가 청와대 기습을 노린 사건이 발생하였다.

① ㉠→㉣→㉡→㉢
② ㉣→㉠→㉢→㉡
③ ㉠→㉡→㉣→㉢
④ ㉣→㉢→㉠→㉡

58

(가)~(마)를 일어난 순서대로 바르게 나열한 것은?

{ 보기 }
(가) 브라운 각서 체결
(나) 한·일 기본 조약 조인
(다) 전태일 분신자살 사건
(라) 7·4 남북 공동 성명 발표
(마) 김대중의 제7대 대통령 선거 출마

① (가) – (나) – (다) – (라) – (마)
② (가) – (다) – (나) – (마) – (라)
③ (나) – (가) – (다) – (라) – (마)
④ (나) – (가) – (다) – (마) – (라)

59

〈보기〉의 개헌 시기를 순서대로 바르게 나열한 것은?

{ 보기 }
ㄱ. 대통령 3회 연임 허용
ㄴ. 대통령 직선제 및 5년 단임
ㄷ. 대통령 직선제, 국회 양원제
ㄹ. 대통령은 통일주체국민회의에서 간선

① ㄱ-ㄴ-ㄹ-ㄷ
② ㄴ-ㄷ-ㄱ-ㄹ
③ ㄷ-ㄱ-ㄹ-ㄴ
④ ㄹ-ㄴ-ㄷ-ㄱ

60

다음 자료와 관련된 사건을 순서대로 바르게 나열한 것은?

> ㉠ 무엇보다 우리는 이른바 4·13 대통령의 특별 조치를 국민의 이름으로 무효임을 선언한다.
> ㉡ 우리 시민군은 온갖 방해에도 불구하고 여러분의 안전을 끝까지 지킬 것입니다. 또한 협상이 올바른 방향대로 진행되면 우리는 즉각 총을 놓겠습니다.
> ㉢ 오늘의 이 시점에서 저는 사회적 혼란을 극복하고, 국민적 화해를 이룩하기 위하여 대통령 직선제를 택하지 않을 수 없다는 결론에 이르게 되었습니다.

① ㉠-㉡-㉢
② ㉡-㉠-㉢
③ ㉡-㉢-㉠
④ ㉢-㉡-㉠

57 답 ①

| 출제영역 | 박정희 정부 시기의 사건

제시문은 박정희 정부 시기의 사건들을 나열한 것이다. 이를 순서대로 배열하면,
㉠ 1966년 베트남 파병의 대가로 미국은 브라운 각서를 체결하여 한국군 장비 현대화와 경제 지원을 약속하였다.
㉣ 1968년 일어난 1.21 사태에 대한 내용이다. 북한 무장 게릴라 31명이 청와대를 기습하기 위해 서울에 침투하였으나 결국 발각되어 김신조가 생포되고 28명이 사살되었다.
㉡ 1970년 11월에 서울 청계천 평화 시장에서 재단사로 일하던 전태일이 "근로기준법을 지켜라.", " 우리는 기계가 아니다" 등의 구호를 외치며 분신자살하였다.
㉢ 7·4 남북 공동 성명 발표는 1972년 7월의 사건이다.

59 답 ③

| 출제영역 | 대한민국 헌법 변천 과정

제시문은 대한민국 헌법의 변천과정을 나열한 것이다. 이를 순서대로 배열하면,
ㄷ. 1952년 이승만 정권은 대통령 간선제를 직선제로, 국회 단원제를 양원제로 고치는 발췌 개헌을 추진하였다.
ㄱ. 1969년 박정희 정권 때인 제6차 개헌에 대한 내용이다.
ㄹ. 1972년 공포된 유신 헌법에서는 대통령의 임기를 6년으로 삼으면서 대통령의 중임 제한을 폐지하고 통일주체국민회의에서 간선제를 통해 대통령을 선출하게 하였다.
ㄴ. 1987년 6·29 선언을 계기로 5년 단임의 대통령 직선제를 주골자로 하는 9차 개헌이 이루어졌다.

58 답 ④

| 출제영역 | 한국 현대사의 전개(박정희 정권기의 전개과정)

위 지문의 사건들은 박정희 정권기(1963~1979)에 벌어진 일들이다. 이를 순서대로 배열하면,
(나) 한·일 기본 조약 조인을 통해 한일 국교 정상화가 마련된 것은 1965년 6월 22일이다. 이 과정에서 시민사회 및 학생운동권을 중심으로 한일협정 반대 투쟁(1964.6.3)이 전개되었다.
(가) 브라운 각서(Brown Memorandum)는 베트남 전쟁 참전의 대가로 미국이 한국군 근대화·한국 기술원 조·차관 지원 등을 약속한 문서로, 1966년 3월 4일 한국과 미국 사이에 체결되었다.
(다) 전태일이 청계천 평화시장에서 근로기준법 준수·노동 조건 개선을 촉구하며 분신 항거한 사건은 1970년 11월 13일이다. 전태일의 분신은 한국 현대 노동운동의 효시로 평가받는다.
(마) 김대중이 제7대 대통령 선거(1971.4.27)에 출마한 것은 1971년 1월 24일의 일이다.
(라) 북한 김일성-남한 이후락 간에 '자주·평화·민족대단결' 원칙의 통일을 천명한 7·4 공동선언이 발표된 것은 1972년 7월 4일이다.

60 답 ②

| 출제영역 | 한국 민주화 운동의 전개

제시문은 한국 민주화운동 과정을 나열한 것이다. 이를 순서대로 배열하면,
㉡ 5·18 민중항쟁 당시 시민군의 호소문이다. 5·18 민중항쟁은 1980년 5월에 광주광역시를 중심으로 전개되었다.
㉠ 4·13 호헌 조치에 반대하고자 1987년 5월 27일 민주헌법 쟁취 국민운동본부에서 발표한 결의문이다. 4·13 호헌조치는 1987년 4월 13일, 그리고 6월 민주항쟁은 1987년 6월 10일부터 전개되었다.
㉢ 6월 민주항쟁의 결과로 노태우가 발표한 6·29 민주화 선언문이다. 6·29 선언은 1987년 6월 27일에 발표되었다.

61

(가) 시기에 있었던 사실로 옳은 것은?

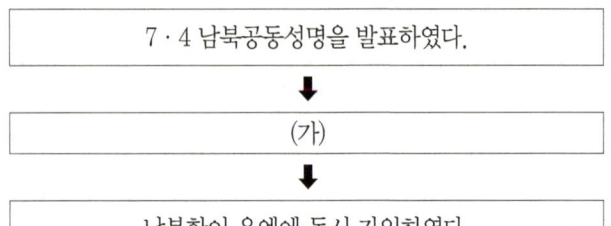

① 금강산 해로 관광이 시작되었다.
② 6·15 남북공동선언이 발표되었다.
③ 최초로 이산가족 상봉을 위한 남북 적십자 회담이 열렸다.
④ 민족자존과 통일 번영을 위한 특별 선언(7·7선언)이 발표되었다.

62

다음은 우리나라 경제성장 과정을 시간순으로 나열한 것이다. (가)에 들어갈 내용으로 옳은 것은?

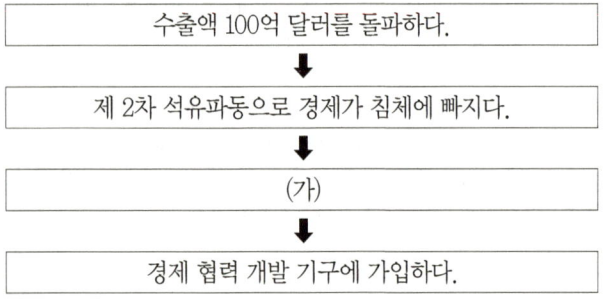

① 제3차 경제개발 5개년 계획이 실시되다.
② 저금리, 저유가, 저달러의 3저 호황을 경험하다.
③ 베트남 파병을 시작하고 『브라운 각서』를 체결하다.
④ 일본과 대일 청구권 문제에 합의하고 한일 기본 조약을 체결하다.

63

㉠에 들어갈 인물에 대한 설명으로 가장 옳은 것은?

> 이때 (㉠)이/가 군사를 출동시켜 사면에서 들이치니 수 병사들은 살수를 건너지도 못하고 허물어졌다. 처음 수의 군대가 쳐들어올 때는 무릇 30만 5천명이었는데, 요동성으로 돌아갈 때는 겨우 2천 7백 명뿐이었다.

① 그는 스스로 최고 관직인 대막리지에 올라 권력을 장악하였다.
② 그는 요하 하류에 있는 안시성에서 공방전 끝에 승리하였다.
③ 그가 적장 우중문에게 보낸 5언시가 전해진다.
④ 그는 5천의 결사대를 조직해 황산벌에서 싸웠으나 패하였다.

64

밑줄 친 '그'에 대한 설명으로 옳은 것은?

> 이날 소정방이 부총관 김인문 등과 함께 기벌포에 도착하여 백제 군사와 마주쳤다. …(중략)… 소정방이 신라군이 늦게 왔다는 이유로 군문에서 신라 독군 김문영의 목을 베고자 하니, 그가 군사들 앞에 나아가 "황산 전투를 보지도 않고 늦게 온 것을 이유로 우리를 죄주려 하는구나. 죄도 없이 치욕을 당할 수는 없으니, 결단코 먼저 당나라 군사와 결전을 한 후에 백제를 쳐야겠다."라고 말하였다.

① 살수에서 수의 군대를 물리쳤다.
② 김춘추의 신라 왕위 계승을 지원하였다.
③ 청해진을 설치하고 해상 무역을 전개하였다.
④ 대가야를 정벌하여 낙동강 유역을 확보하였다.

61 답 ④
| 출제영역 | 현대사의 사건

7·4 남북 공동 성명 발표는 1972년 7월의 일로 박정희 정부 때의 사건이다. 남한과 북한이 유엔에 동시 가입한 것은 1991년 9월의 일로 노태우 정부 때의 사건이다. ④의 민족자존과 통일번영을 위한 특별선언(7·7 선언)은, 북한을 상호 신뢰·화해·협력을 바탕으로 공동 번영을 추구하는 민족 공동체 일원으로 인식하여, 남북 관계를 선의의 동반자 관계로 정착시켜 나간다는 것으로, 1988년 7월 7일 노태우 대통령에 의해 발표되었으므로 (가) 시기에 해당한다.

| 오답풀이 |
① 금강산 해로 관광은 1998년 김대중 정부 때 시작되었으므로 (가) 이후에 해당한다.
② 6·15 남북 공동선언은 2000년 6월 15일에 있었으므로 (가) 이후에 해당한다. 2000년 6월 김대중 대통령이 평양을 방문하여 북한의 김정일 국방 위원장과의 남북 정상 회담이 열렸고, 통일 문제와 남북 관계를 처리하는 기본 방침을 담은 6·15 남북 공동 선언이 발표되었다.
③ 남북적십자회담은 1971년 대한적십자사 총재 최두선이 제의하고 이틀 후 북한적십자사가 이를 수락함으로써 성립되었으므로 (가) 이전에 해당한다.

63 답 ③
| 출제영역 | 고구려 – 수 전쟁

㉠에 들어갈 인물은 을지문덕이고 사건은 살수대첩이다. 7C 영양왕은 요서를 선제공격하였고 수나라의 4차례 침입이 시작되었다. 이 중 두 번째 침입이 을지문덕 장군의 살수대첩이다. 살수대첩은 청천강 유역에서 일어났으며 이때 을지문덕 장군이 수나라 장수 우중문에서 『여수장우중문시』를 지어 보내었다.

| 오답풀이 |
① 최고 관직인 대막리지에 오른 것은 연개소문이며 시기는 영류왕 시기이다.
② 양만춘은 당과의 전투였던 안시성싸움(645)에서 승리하였다.
④ 5천 결사대를 이끌고 황산벌(660)에서 백제 계백장군이 신라 김유신과 싸웠으나 패배하였고 결국 백제는 멸망하였다.

62 답 ②
| 출제영역 | 1980년대 경제

100억 달러 수출 달성한 것은 1977년의 일이고, 2차 석유파동은 1979년, 경제 협력 개발 기구에 가입한 것은 1996년의 일이다. 따라서 1979년부터 1996년까지의 경제 상황으로 적절한 것을 고르는 문제이다. ②의 저금리·저유가·저달러의 3저 호황이 일어난 것은 1986년부터 1988년까지의 일이므로 (가) 시기에 적절한 내용이다.

| 오답풀이 |
① 3차 경제개발 5개년 계획이 실시는 1972년부터 1976년까지의 사실이다.
③ 1960년대에 일어난 사건이다. 베트남 파병의 시작은 1964년, 브라운 각서의 체결은 1966년의 사실이다.
④ 한·일 기본 조약이 체결된 것은 1965년의 일이다.

64 답 ②
| 출제영역 | 김유신의 활동

밑줄 친 '그'는 김유신이다. 황산전투를 치르고, 당의 소정방과 합류하여 백제의 사비성을 포위하러 가는 상황을 통하여 김유신임을 추측할 수 있다. 김유신에 대한 설명으로 옳은 것은 ②번 선지이다. 금관가야의 후손이었던 김유신과 할아버지 대에서 족강(族降)하여 진골이었던 김춘추는 혼인을 통하여 두 가문의 결속을 강화하고 비담, 염종의 난을 진압하는 등 중앙 정계에서 실력을 키웠고, 결국 김춘추가 무열왕으로 즉위하였다.

| 오답풀이 |
① 을지문덕에 대한 설명이다. 수의 30만 별동대 중 본국으로 귀환한 자는 2,700명 남짓이었다고 한다.
③ 장보고는 완도에 청해진을 설치하고 해상 무역을 전개하였다.
④ 진흥왕에 대한 설명이다.

65

다음 밑줄 친 '대사'에 대한 내용으로 옳지 않은 것은?

> 이 엔닌은 대사의 어진 덕을 입었기에 삼가 우러러 뵙지 않을 수 없습니다. 저는 이미 뜻한 바를 이루기 위해 당나라에 머물러 왔습니다. 부족한 이 사람은 다행히도 대사께서 발원하신 적산원(赤山院)에 머물 수 있었던 것에 대해 감경(感慶)한 마음을 달리 비교해 말씀드리기가 어렵습니다.
> — 『입당구법순례행기』 —

① 법화원을 건립하고 이를 지원하였다.
② 당나라에 가서 서주 무령군 소장이 되었다.
③ 회역사, 견당매물사 등의 교역 사절을 파견하였다.
④ 웅주를 근거지로 반란을 일으켜 장안(長安)이라는 나라를 세웠다.

66

밑줄 친 ( )의 인물에 대한 설명으로 옳은 것은?

> 왕의 총애를 받는 이들이 곁에 있으면서 정권을 훔쳐 제 마음대로 하니 기강이 문란해졌다. 게다가 기근까지 겹치자 백성이 떠돌아 다니고 도적이 곳곳에서 봉기하였다. 이에 ( )은/는 몰래 왕위를 넘겨다 보는 마음을 갖고, 무리를 불러 모아 왕경의 서남쪽 주현을 돌아다니며 공격하였다. 이르는 곳마다 메아리처럼 호응하여 한 달 만에 무리가 5,000명에 달하니, 드디어 무진주를 습격하였다.
> — 『삼국사기』 —

① 완산주를 도읍 삼아 나라를 세우고 왕위에 올랐다.
② 스스로 미륵불이라고 칭하면서 통치를 정당화하였다.
③ 서해안의 해상 세력으로 활동하던 가문에서 태어났다.
④ 국호를 장안, 연호를 경운으로 정하고 반란을 일으켰다.

67

다음 (가), (나) 승려에 대한 설명으로 옳은 것은?

> (가) 중국 유학에서 돌아와 부석사를 비롯한 여러 사원을 건립하였으며, 문무왕이 경주에 성곽을 쌓으려 할 때 만류한 일화로 유명하다.
> (나) 진골 귀족 출신으로 대국통을 역임하였으며, 선덕여왕에게 황룡사 9층탑의 건립을 건의하였다.

① (가)는 모든 것이 한마음에서 나온다는 일심사상을 제시하였다.
② (가)는 『화엄일승법계도』를 만들었다.
③ (나)는 『왕오천축국전』이라는 여행기를 남겼다.
④ (나)는 이론과 실천을 같이 강조하는 교관겸수를 제시하였다.

68

(가) 인물에 대한 설명으로 옳은 것은?

> (가) 가/이 귀산 등에게 말하기를 "세속에도 5계가 있으니, 첫째는 충성으로써 임금을 섬기는 것, 둘째는 효도로써 어버이를 섬기는 것, 셋째는 신의로써 벗을 사귀는 것, 넷째는 싸움에 임하여 물러서지 않는 것, 다섯째는 생명있는 것을 죽이되 가려서 한다는 것이다. 그대들은 이를 실행함에 소홀하지 말라."라고 하였다.
> — 『삼국사기』 —

① 모든 것이 한마음에서 나온다는 일심 사상을 제시하였다.
② 화엄 사상을 연구하여 『화엄일승법계도』를 작성하였다.
③ 왕에게 수나라에 군사를 청하는 글을 지어 바쳤다.
④ 인도를 여행하여 『왕오천축국전』을 썼다.

65 답 ④
| 출제영역 | 장보고의 활동

위에서 언급하는 '대사'는 장보고이다. 장보고는 청해진(오늘날 전남 완도)을 근거지로 활동하던 인물로, 당나라에서 서주 무령군 소장을 역임하다가 신라인들이 해적에 의해 노예로 팔려오는 것을 보고 귀국하여 남해안 일대 해적을 소탕하였다. 이후 신라 권력투쟁에서 김우징을 지원하여 민애왕을 축출시키고 그를 왕(신무왕)으로 옹립하였으나, 문성왕대에 중앙 진골세력에 의해 숙청되었고, 청해진 역시 문성왕에 의해 폐지되었다. ④의 장안국은 신라 하대 권력투쟁에서 원성왕에 밀린 김주원의 아들 김헌창이 세운 국가로 장보고와는 관련이 없다.

| 오답풀이 |
① 장보고는 일본의 승려 엔닌을 지원하여 산동반도 일대(오늘날 산동성 연태시)에 법화원을 세우고 이를 지원하였다.
② 장보고는 젊은 시절 지방 출신으로서의 한계를 느끼고 친구 정연과 함께 당나라로 건너가 서주 무령군 소장을 역임하여 군사 면에서 활약한 바 있다.
③ 장보고는 청해진을 중심으로 중개무역을 주관하였으며, 일본에 회역사, 당에 견당매물사 등의 교역사절을 파견하였다.

67 답 ②
| 출제영역 | 의상과 자장

(가)는 의상이다. 의상은 진골 출신으로, 당에서 화엄학을 공부하고 돌아와 신라 화엄종을 개창하였으며, 화엄일승법계도를 만들어 화엄 사상을 정립하였다. 부석사, 낙산사를 비롯한 여러 사찰을 건립하였고, 관음신앙을 보급하는 데도 힘썼다.
(나)는 자장이다. 자장은 통도사를 창건하고 이를 중심으로 계율종을 전파하였으며, 선덕여왕에게 황룡사 9층 목탑 건립을 건의하였다.

| 오답풀이 |
① 원효에 대한 설명이다.
③ 혜초에 대한 설명이다.
④ 고려 의천에 대한 설명이다.

66 답 ①
| 출제영역 | 견훤(후백제)

삼국사기 견훤 열전에 실린 기사로, 진성여왕 6년(892년)에 대한 서술이다. 왕경(경주)의 서남쪽, 무진주(오늘날 광주) 등의 지역명을 통하여 견훤임을 추론할 수 있다. 정답은 ①번 선지이다. 견훤은 완산주를 도읍 삼아 나라를 세우고 왕위에 올랐다.

| 오답풀이 |
② 궁예에 대한 설명이다.
③ 왕건에 대한 설명이다.
④ 김헌창에 대한 설명이다.

68 답 ③
| 출제영역 | 원광

세속오계는 원광대사가 작성한 신라시대 화랑이 지켜야 했던 다섯 가지 계율로, 사군이충·사친이효·교우이신·임전무퇴·살생유택의 다섯 가지 항목을 말한다. 원광은 또 수나라에 군사를 청하기 위해 걸사표를 작성하였는데, 『삼국사기』에 의하면 신라에서는 수나라에 사신을 파견하여 이 걸사표로 군사를 청했고, 이에 수나라 양제가 100만의 대군을 이끌고 고구려를 침략하였다고 한다.

| 오답풀이 |
① 원효에 대한 설명이다. 원효는 일심사상을 바탕으로 불교 종파의 대립을 조정하려 하였다.
② 의상에 대한 설명이다. 의상은 『화엄일승법계도』를 저술하여 모든 존재는 상호의존적인 관계에 있으면서 서로 조화를 이루고 있다는 화엄 사상을 정립하였다.
④ 혜초에 대한 설명이다. 혜초는 인도와 중앙아시아(서역) 여러 나라의 성지를 순례하고 풍물을 생생하게 기록한 『왕오천축국전』을 남겼다.

69
밑줄 친 ( )의 인물에 대한 설명으로 옳은 것은?

> ( )은/는 이미 계를 어겨 아들 총(聰)을 낳은 후에는 세속의 옷으로 바꿔 입고 스스로 소성거사라고 하였다. 우연히 광대들이 춤출 때 쓰는 큰 박을 얻었는데, 모양이 괴상하였다. 그 모양을 본떠서 도구를 제작하여,『화엄경』의 "일체 무애인(無㝵人)은 한 번에 생사를 벗어난다."라는 구절에 나오는 무애라는 이름을 붙이고, 노래를 지어 세상에 퍼뜨렸다.
> — 『삼국유사』—

① 화엄종의 중심 사찰인 부석사를 창건하였다.
② 세속오계를 제시하고 호국 불교의 전통을 세웠다.
③ 황룡사에 9층 목탑을 세울 것을 왕에게 건의하였다.
④ 종파 간 대립을 극복하기 위해 일심 사상을 제창하였다.

70
밑줄 친 '그'에 대한 설명으로 옳은 것은?

> 그가 왕에게 아뢰었다. "삼교는 솥의 발과 같아서 하나라도 없어서는 안 됩니다. 지금 유교와 불교는 모두 흥하는데 도교는 아직 번성하지 않으니, 소위 천하의 도술(道術)을 갖추었다고 할 수 없습니다. 엎드려 청하오니 당에 사신을 보내 도교를 구해 와서 나라 사람들을 가르치게 하소서."
> — 『삼국사기』—

① 당나라와 동맹을 체결하였다.
② 천리장성의 축조를 맡아 수행하였다.
③ 수나라의 군대를 살수에서 격퇴하였다.
④ 남진 정책을 추진하여 한성을 점령하였다.

71
다음과 같이 말한 인물에 대한 설명으로 옳은 것은?

> 우리나라가 곧 고구려의 옛 땅이다. 그리고 압록강의 안팎 또한 우리의 지역인데 지금 여진이 그 사이에 몰래 점거하여 저항하고 교활하게 대처하고 있어서 …(중략)… 만일 여진을 내쫓고 우리 옛 땅을 되찾아서 성보(城堡)를 쌓고 도로를 통하도록 하면 우리가 어찌 사신을 보내지 않겠는가?
> — 『고려사』—

① 목종을 폐위하였다.
② 귀주에서 거란군을 물리쳤다.
③ 여진을 몰아내고 동북 9성을 쌓았다.
④ 소손녕과 담판하여 강동 6주를 획득하였다.

72
(가) 인물에 대한 설명으로 옳은 것은?

> 군대를 이끌고 통주성 남쪽으로 나가 진을 친 (가) 은/는 거란군에게 여러 번 승리를 거두었다. 하지만 자만하게 된 그는 결국 패해 거란군의 포로가 되었다. 거란의 임금이 그의 결박을 풀어 주며 "내 신하가 되겠느냐?"라고 물으니, (가) 은/는 "나는 고려 사람인데 어찌 너의 신하가 되겠느냐?"라고 대답하였다. 재차 물었으나 같은 대답이었으며, 칼로 살을 도려내며 물어도 대답은 같았다. 거란은 마침내 그를 처형하였다.

① 묘청의 난을 진압하였다.
② 별무반의 편성을 건의하였다.
③ 목종을 폐위하고 현종을 옹립하였다.
④ 거란과 협상하여 강동 6주 지역을 고려 영토로 확보하였다.

69 답 ④

| 출제영역 | 원효

설총을 낳은 승려, '소성거사' '무애' 등의 키워드를 통해 원효에 대한 설명을 고르는 문제임을 알 수 있다. 원효는 ④와 같이 일심, 화쟁사상을 제창하며 통일 직후 신라 불교계의 통합을 꾀하였다.

| 오답풀이 |
① 의상에 대한 설명이다.
② 원광에 대한 설명이다.
③ 자장에 대한 설명이다.

71 답 ④

| 출제영역 | 고려-거란 전쟁

제시문은 거란과의 1차 전쟁 당시 서희와 소손녕의 외교담판을 나타낸 것으로, 고구려 지역에 대한 영유권 주장과 함께 북진정책에 대한 당위성을 밝히는 내용이다. 이를 통해 서희는 강동 6주 지역을 획득하여 요새화함으로써 이후 벌어지는 거란과의 2차, 3차 전쟁에서 고려가 승기를 잡을 수 있었던 기반을 마련하였다.

| 오답풀이 |
① 강조에 대한 설명이다. 강조의 정변을 구실로 거란이 2차 침입을 개시하였다.
② 강감찬에 대한 설명이다.
③ 윤관의 별무반에 대한 설명이다.

70 답 ②

| 출제영역 | 연개소문

밑줄 친 '그'에 해당하는 인물은 연개소문이다. 고구려는 643년 보장왕 때 연개소문의 건의로 당 태종으로부터 숙달 등 도사 8인과 도덕경을 수입하였다. 한편 연개소문은 천리장성 공사를 감독하면서 요동의 군사력을 장악한 뒤 정변을 일으켜, 영류왕과 자신을 반대하는 대신들을 죽이고 보장왕을 세우는 동시에 스스로 대막리지가 되었다(642).

| 오답풀이 |
① 당에 건너가 나당 동맹을 체결(648)한 인물은 김춘추이다. 김춘추는 진덕 여왕 대 당나라에 사신으로 파견되어 고구려와 백제의 세력을 견제하기 위한 군사원조를 부탁해 지원을 약속받았다.
③ 살수대첩에서 활약한 것은 을지문덕이다. 을지문덕은 영양왕 때 수 양제의 침입을 받자 청천강 유역의 살수에서 이를 크게 물리쳤다(612, 살수 대첩).
④ 남진 정책을 추진하여 백제의 수도 한성을 함락한 것은 고구려 장수왕이다.

72 답 ③

| 출제영역 | 강조의 활동

(가) 인물은 강조이다. 강조의 정변을 구실로 거란의 성종(聖宗)이 고려에 침입해 왔다(거란의 2차 침입). 강조는 거란에 맞서 여러 차례 승리를 거두다가 자만하여 패하고 포로가 되었다. 강조에 대한 설명으로 옳은 것은 ③번 선지이다. 강조는 천추태후와 김치양 일파를 제거하기 위하여 정변을 일으켜, 목종을 폐위하고 현종을 옹립하였다.

| 오답풀이 |
① 김부식이 진압군의 원수로 출정하여 묘청의 난을 진압하였다.
② 윤관은 숙종에게 건의하여 별무반이라는 새로운 군사조직을 편성하고(1104), 예종 시기(1107) 여진을 정벌하고 동북 9성을 축조하였다.
④ 서희에 대한 설명이다.

73

(가) 인물에 대한 설명으로 옳은 것은?

> 신종 원년 사노비 만적 등이 북산에서 땔나무를 하다가 공사의 노비들을 모아 모의하기를, "우리가 성 안에서 봉기하여 먼저 (가) 등을 죽인다. 이어서 각각 자신의 주인을 죽이고 천적(賤籍)을 불태워 삼한에서 천민을 없게 하자. 그러면 공경장상이라도 우리가 모두 할 수 있을 것이다."라고 하였다.

① 정방을 설치하여 인사권을 장악하였다.
② 치안유지를 위해 야별초를 설립하였다.
③ 이의방을 제거하고 권력을 장악하였다.
④ 봉사십조를 올려 사회개혁안을 제시하였다.

74

다음 개혁안을 제시한 사람에 대한 설명으로 옳은 것은?

> 2. 필요 이상의 관원 수를 줄일 것.
> 3. 지위 있는 자들이 겸병하고 약탈한 토지는 모두 주인에게 돌려줄 것
> 5. 안찰사들이 공물을 바치는 것을 금하고 지방관 감독과 민생조사를 직분으로 할 것
> 9. 비보사찰(裨補寺刹)을 제외하고는 철거할 것
> 10. 적합한 사람을 선발하여 조정에서 직언을 하게 할 것

① 공민왕의 비호 아래에서 개혁 정책을 펼쳤다.
② 성종에게 유교 정치를 확립할 것을 건의하였다.
③ 명종에게 폐정의 시정을 요구하는 개혁을 건의하였다.
④ 진성 여왕에게 시무책을 올리며 개혁을 추구하였다.

75

(가), (나) 인물에 대한 설명으로 옳은 것은?

> 위화도 회군 후 신진 사대부는 사회 개혁을 둘러싸고 급진 개혁파와 온건 개혁파로 나뉘었다. 훗날 '동방이학의 조'라고 불린 (가) 을/를 중심으로 한다 수의 온건 개혁파는 고려 왕조를 유지하려 하였다. 반면 급진 개혁파인 (나) 은/는 『불씨잡변』을 통해 불교를 비판하고 성리학을 새로운 통치이념으로 제시하였다.

① (가)는 『조선경국전』을 편찬하였다.
② (가)는 과전법 실시를 주장하였다.
③ (나)는 『고려국사』를 편찬하였다.
④ (나)는 만권당에서 원의 학자들과 교류하였다.

76

밑줄 친 '그'에 대한 설명으로 옳은 것은?

> 그는 화엄종을 중심으로 교종을 통합하고 해동 천태종을 창시하여 선종까지 포섭하려 하였다. 그러나 그의 사후에 교단은 다시 분열되었고, 권력층과 밀착되어 타락하는 양상까지 나타났다.

① 이론적인 교리 공부와 실천적인 수행을 아우를 것을 주장하였다.
② 참선과 독경은 물론 노동에도 힘을 쓰자고 하면서 결사를 제창하였다.
③ 삼국시대 이래 고승들의 전기를 정리하여 『해동고승전』을 편찬하였다.
④ 백련사를 결성하여 극락왕생을 기원하는 참회와 염불 수행을 강조하였다.

73
답 ④
| 출제영역 | 최충헌의 정권 장악

제시된 자료는 최충헌 집권기에 일어난 만적의 난에 대한 내용으로, (가)에 들어갈 인물은 최충헌이다. 최충헌은 명종에게 사회 개혁안으로 봉사 10조를 제시하여, 토지 겸병과 승려의 고리대업 금지, 조세 제도의 개혁 등을 주장하였다.

| 오답풀이 |
① 정방의 설치는 최우에 대한 설명이다.
② 도적을 막기 위해 야별초를 설치한 사람은 최우다.
③ 최충헌은 이의방이 아니라 이의민을 제거하고 권력을 장악했다. 이의방 등을 제거하고 중방을 중심으로 권력을 행사한 사람은 정중부이다.

74
답 ③
| 출제영역 | 최충헌의 봉사 10조

제시된 자료는 최충헌이 건의한 봉사 10조이다. 최충헌은 1196년 이의민을 제거하고 권력을 잡은 뒤에 명종(재위 1170~1197)에게 개혁을 요구하는 '봉사 10조'를 올렸다.

| 오답풀이 |
① 신돈에 대한 설명이다. 공민왕은(재위 1351~1374) 전민변정도감을 설치하고 신돈을 등용하여 권문세족이 부당하게 빼앗은 토지와 노비를 본래의 소유주에게 돌려주고, 불법적으로 노비가 된 자를 양민으로 해방시켰다.
② 최승로에 대한 설명이다. 성종(재위 981~997) 시기 최승로는 시무 28조를 올려 유교 사상에 입각한 각종 개혁을 요구하였는데, 성종은 최승로의 건의를 수용하여 유교 사상을 정치의 근본이념으로 삼아 통치 체제를 정비하였다.
④ 최치원에 대한 설명이다. 최치원은 당에서 귀국하여 진성여왕(재위 887~897)에게 개혁안 10여 조를 건의했으나 받아들여지지 않았다.

75
답 ③
| 출제영역 | 정도전

온건개혁파의 중심, "e동방이학의 조"라는 표현을 통해 (가)가 정몽주임을, 급진개혁파, 『불씨잡변』 등의 표현을 통해 (나)가 정도전임을 알 수 있다. ③의 고려국사는 정도전에 의해 편찬된 고려시대사로 고려 멸망의 당위성과 조선건국의 정당성을 밝히기 위해 저술되었다.

| 오답풀이 |
① 정도전은 조선 개국의 기본 정책을 규정한 법전인 『조선경국전』을 편찬하였다.
② 정몽주 등의 온건파 신진 사대부는 과전법과 같은 토지 개혁 추진에 반대하였다.
④ 만권당에서 원의 학자들과 교류한 인물은 이제현이다.

76
답 ①
| 출제영역 | 의천

화엄종을 중심으로 교종을 통합, 해동 천태종 창시 등에서, 제시문의 '그'가 의천임을 알 수 있다. 문종의 넷째 아들인 의천은 국청사에서 교종 중심의 선종 통합을 시도하여 해동 천태종을 창시하였으며, 이론의 연마와 실천을 강조하면서 교관겸수, 내외겸전을 주장하였다.

| 오답풀이 |
② 지눌에 대한 설명이다.
③ 각훈에 대한 설명이다.
④ 천태종 계열 승려인 요세에 대한 설명이다.

77

다음 글을 쓴 인물에 대한 설명으로 옳지 <u>않은</u> 것은?

> 하루는 같이 공부하는 사람 10여 인과 약속하였다. 마땅히 명예와 이익을 버리고 산림에 은둔하여 같은 모임을 맺자. 항상 선을 익히고 지혜를 고르는 데 힘쓰고, 예불하고 경전을 읽으며 힘들여 일하는 것에 이르기까지 각자 맡은 바 임무에 따라 경영한다.
> — 「권수정혜결사문」 —

① 선종 중심으로 교종을 통합하려는 사상 체계를 정립하였다.
② 단박에 깨달음을 얻고 깨달은 후에도 꾸준히 수행해야 한다고 주장하였다.
③ 깨달음을 얻기 위해 참선을 하되 교리 공부를 함께할 것을 제안하였다.
④ 교단을 통합, 정리하는 것이 불교계의 폐단을 바로잡는 우선 과제라고 생각하였다.

78

밑줄 친 '그'에 대한 설명으로 옳은 것은?

> 그는 『묘종초』를 설법하기 좋아하여 언변과 지혜가 막힘이 없었고, 대중에게 참회를 닦기를 권하였다. …(중략)… 대중의 청을 받아 교화시키고 인연을 맺은 지 30년이며, 결사에 들어온 자들이 3백여 명이 되었다.

① 강진의 토호세력의 도움을 받아 백련사를 결성하였다.
② 불교계 폐단을 개혁하기 위해 9산 선문의 통합을 주장하였다.
③ 이론의 연마와 실천을 아울러 강조하는 교관겸수를 제창하였다.
④ 깨달은 후에도 꾸준한 실천이 필요하다는 돈오점수를 중시하였다.

79

밑줄 친 이 승려에 대한 설명으로 옳은 것을 〈보기〉에서 모두 고른 것은?

> <u>이 승려</u>는 고려 초기에 귀법사의 주지를 역임하였고, 남악파와 북악파의 통합을 위해 인유(仁裕)와 함께 큰 사찰의 승려를 찾아가 설득하여 화엄종파의 분쟁을 종식시켰다. 958년에는 시관(試官)이 되어 유능한 승려들을 많이 선발하였다.

【 보기 】
ㄱ. 『신편제종교장총록』을 편찬하였다.
ㄴ. 『천태사교의』를 저술하였다.
ㄷ. 성상융회를 주창하였다.
ㄹ. 향가를 지음으로써 국문학 사상 큰 업적을 남겼다.

① ㄱ, ㄴ   ② ㄴ, ㄷ   ③ ㄴ, ㄹ   ④ ㄷ, ㄹ

80

다음 자료와 관련한 인물에 대한 설명으로 가장 옳은 것은?

> "부처님이 말씀하시기를 나는 두 성인을 중국에 보내어 교화를 펴리라 하셨다. 한 사람은 노자로 그는 가섭보살이요, 또 한 사람은 공자로 그는 유동보살이다." 이 말에 의하면 유(儒)와 도(道)의 종(宗)은 부처님의 법에서 흘러나온 것이다. 방편은 다르나 진실은 같은 것이다.

① 인도를 다녀온 후 '왕오천축국전'을 남겼다.
② 돈오점수와 정혜쌍수를 주장하며 선·교 일치 사상을 완성하였다.
③ 이론의 연마와 실천을 아울러 강조하는 교관겸수를 주장하였다.
④ 지눌의 제자로 심성의 도야를 강조하여 성리학을 수용할 수 있는 사상적 토대를 마련하기도 하였다.

77 답 ④
| 출제영역 | 지눌

제시문은 지눌에 대한 설명이다. 지눌은 참선과 교학을 함께 수행할 것을 기약하는 정혜결사를 맺고, 당시 불교계의 혁신과 재건을 위한 『권수정혜결사문』이라는 취지문을 선포하였다. ④는 의천에 대한 설명으로, 의천은 교단의 통합과 정리를 불교계 폐단을 바로잡기 위한 우선 과제로 보았다.

| 오답풀이 |
①,②,③ 지눌의 수선사 결사 운동은 선종 중심의 불교 개혁 운동이었으며, 승려 본연의 자세로 돌아가 예불 독경과 선 수행 및 참선, 노동에 고루 힘쓰자고 주장하였다.

78 답 ①
| 출제영역 | 요세의 사상

위 지문은 무신집권기 승려인 요세에 대한 설명이다. 요세는 천태종을 중심으로 활동하였고, 무신집권기에 강진의 토호 세력의 도움을 받아 천태종의 법화 신앙과 정토 신앙에 기초한 신앙 결사체인 백련사(白蓮社) 운동을 전개하였다.

| 오답풀이 |
② 불교계 폐단을 개혁하기 위하여 9산 선문의 통합을 주도한 것은 고려 말기의 승려인 보우이다. 보우는 신규 종파인 태고종을 개창하여 9산 선문을 통합하고자 하였으며, 원으로부터 임제종을 도입하여 불교계를 혁신하려고 하였다.
③ 교관겸수를 제창한 것은 교의 입장에서 선을 통합하고자 했던 의천이다. 의천은 국청사를 기반으로 (해동)천태종을 창시하여 교·선의 통합을 시도하였다.
④ 돈오점수를 주장한 것은 지눌이다. 지눌은 수선사(송광사)를 기반으로 선의 입장에서 교를 통합하고자 조계종을 창시하였으며, 불교개혁을 위한 수선사 결사운동을 진행하였다.

79 답 ④
| 출제영역 | 균여

밑줄 친 '이 승려'는 광종 대에 크게 활약한 균여(923년~973년)이다. 남악파와 북악파의 통합, 화엄종파의 분쟁 종식, 958년 시관이 되어 승과를 운영한 것 등을 통하여 추측할 수 있다. 균여에 대한 설명으로 옳은 것은 ㄷ, ㄹ이다.
ㄷ. 균여의 사상의 핵심은 이른바 성상융회(性相融會)로 대변되는데, 이는 '공(空)'을 뜻하는 '성(性)'과 '색(色)'을 뜻하는 '상(相)'을 원만하게 융합하는 것으로서 당시 양립하던 화엄 사상 속에 법상종의 사상을 융합하여 교파 간의 대립을 해소하기 위한 통합사상이었다.
ㄹ. 균여는 《보현십종원왕가(약칭 보현십원가)》라는 11수의 향가를 지어, 노래로 불교의 교리를 알기 쉽게 부르게 함으로써, 대중이 부처에 친근해지도록 하였다.

| 오답풀이 |
ㄱ. 신편제종교장총록은 의천이 고려와 송, 요, 일본 등에서 불교 자료를 수집하여 편찬한 목록집이다.
ㄴ. 제관(?~970년)이 천태종의 중심 사상의 요지를 표현하고자 저술하였다.

80 답 ④
| 출제영역 | 혜심의 유불일치설

제시문은 진각국사 혜심의 유불일치설에 대한 내용을 담고 있다. 유가와 도가 또한 부처님의 법에서 나온 것이고 이것들의 진실은 같다는 표현을 통해 짐작할 수 있다. 혜심에 대한 설명으로 옳은 것은 ④번 선지이다. 혜심은 어려서 한학을 공부하여 신종 4년 사마시에 합격하여 태학에 들어가 공부하였다. 이후 어머니가 돌아가신 후, 조계산에 들어가 지눌 밑에 승려가 되었으며, 지눌의 뒤를 이어 수선사의 제2세 사주(社主)가 되어, 간화선을 강조하면서 수선사의 교세를 확장하였다.

| 오답풀이 |
① 혜초에 대한 설명이다.
② 지눌에 대한 설명이다.
③ 의천에 대한 설명이다.

81

밑줄 친 '그'에 대한 설명으로 옳은 것은?

> 묘청의 천도 운동에서 그가 패하고 묘청이 이겼더라면 조선사는 독립적·진취적으로 진전하였을 것이니 이것이 어찌 일천년래 제일 사건이라 하지 아니하랴.

① 성리학적 유교 사관에 입각한 사략을 저술하였다.
② 현존하는 우리나라의 최고(最古) 역사서를 편찬하였다.
③ 우리나라 역사를 단군에서부터 서술한 역사서를 저술하였다.
④ 동명왕의 업적을 칭송한 영웅 서사시인 동명왕편을 저술하였다.

82

〈보기〉에서 이름과 활동을 옳게 짝지은 것은?

{ 보기 }
ㄱ. 이제현 — 만권당에서 원의 학자들과 교류하였다.
ㄴ. 안향 — 공민왕이 중영한 성균관의 대사성이 되었다.
ㄷ. 이색 — 충렬왕 때 고려에 성리학을 본격적으로 소개하였다.
ㄹ. 정몽주 — 역사서 『사략』을 저술하였다.

① ㄱ ② ㄴ ③ ㄷ ④ ㄹ

83

다음 글을 쓴 인물에 대한 설명으로 옳은 것은?

> 세상에서 동명왕의 신이(神異)한 일을 많이 말한다. …(중략)… 지난 계축년 4월에 『구삼국사』를 얻어 동명왕 본기를 보니 그 신기한 사적이 세상에서 얘기하는 것보다 더하였다. 그러나 처음에는 믿지 못하고 귀신이나 환상이라고만 생각하였는데, 두세 번 반복하여 읽어서 점점 그 근원에 들어가니 환상이 아닌 성스러움이며, 귀신이 아닌 신성한 이야기였다.

① 사실의 기록보다 평가를 강조한 강목체 사서를 편찬하였다.
② 단군부터 고려 충렬왕 때까지의 역사를 서사시로 기록하였다.
③ 단군신화와 전설 등 민간에서 전승되는 자료를 광범위하게 수록 하였다.
④ 김부식의 『삼국사기』에 동명왕의 신이한 사적이 생략되어 있다고 평하였다.

84

㉠인물에 대한 설명으로 옳지 않은 것은?

> (㉠)은/는 초야의 미천한 선비로 세조대에 과거에 급제하였다. 성종대에 발탁되어 경연에 두어 오랫동안 시종의 자리에 있었다. 병으로 물러나게 되자 성종은 소재지 관리를 통해 특별히 미곡을 내려 주었다. 지금 그의 제자 김일손이 사초에 부도덕한 말로써 선왕의 일을 거짓으로 기록하고 스승인 (㉠)의 조의제문을 실었다.

① 고려 말 정몽주, 길재의 학풍을 이었다.
② 외가인 밀양에 서원이 세워져 봉사되었다.
③ 김굉필, 조광조가 그의 도학을 계승하였다.
④ "여씨향약"을 도입하여 언문으로 간행하였다.

81 답 ②

| 출제영역 | 김부식

제시문은 신채호의 "조선사연구초"에 실린 '조선역사상 일천년래 제일 대사건(朝鮮歷史上一千年來第一大事件)'의 일부이다. 밑줄 친 '그'는 김부식을 의미한다. 신채호는 이 글에서 묘청이 김부식에게 패함으로써 한국사가 사대주의로 기울고 민족이 쇠하는 근본적 계기가 되었다고 주장하였다. 김부식은 현존하는 우리나라에서 가장 오래된 역사서인 "삼국사기"를 편찬하였다.

| 오답풀이 |

① 이제현에 대한 설명으로, 정통 의식과 대의명분을 중시하는 성리학적 사관에 입각하여 『사략』을 편찬하였다.
③ 김부식의 『삼국사기』에서는 단군을 배제한 고구려, 백제, 신라의 역사를 서술하였다. 이 시기 단군부터 서술한 역사서로서는 일연의 『삼국유사』, 이승휴의 『제왕운기』가 있다.
④ 이규보에 대한 설명이다. 이규보의 『동명왕편』은 고구려 건국 영웅인 동명왕을 천제의 손자로 인식하고 동명왕의 업적을 칭송한 일종의 영웅 서사시이다.

83 답 ④

| 출제영역 | 동명왕편

제시문은 이규보의 동명왕편 서문이다. 동명왕, 신이(神異) 사관 등을 통하여 알 수 있을 것이다. 이규보에 대한 설명으로 옳은 것은 ④번 선지이다. 이 글에서 이규보는 '김부식이 삼국사기를 쓰면서 동명왕의 신이한 사적으로 생략한 것은 국사는 세상을 바로잡는 글이므로 이상한 일은 후세에 보일 것이 아니라고 생각하여 생략한 것인가?'라고 평한다. 제시문에서도 구삼국사 동명왕 본기에는 신기한 사적이 적혀 있었고, 귀신이 아닌 신성한 이야기라고 서술한 것을 볼 때 정답을 추측할 수 있을 것이다.

| 오답풀이 |

① 안정복 등에 대한 설명이다.
② 이승휴(제왕운기)에 대한 설명이다.
③ 일연(삼국유사)에 대한 설명이다.

82 답 ①

| 출제영역 | 고려시기 유학자

이제현은 충선왕이 원나라 연경에 설치한 만권당에서 조맹부 등의 원나라 학자들과 교류하였다.

| 오답풀이 |

ㄴ. 공민왕이 중영한 성균관의 대사성을 역임한 인물은 이색이다.
ㄷ. 충렬왕 때 고려에 성리학을 처음 소개한 인물은 안향이다.
ㄹ. 『사략』을 저술한 인물은 이제현이다.

84 답 ④

| 출제영역 | 김종직

㉠은 김종직이다. 조의제문, 그의 제자 김일손 등을 통하여 김종직임을 알 수 있다. 김종직에 대한 설명으로 옳지 않은 것은 ④번 선지이다. 조광조는 향촌 자치를 실현하기 위하여 여씨 향약 도입을 주장하였고, 중종 13년(1518년) 경상도 관찰사로 있던 김안국이 그곳의 인심 및 풍속을 교화하기 위하여 여씨향약을 언해하여 간행하였다.

| 오답풀이 |

①, ③ 김종직은 정몽주, 길재의 학풍을 이었으며, 문장과 경술에 뛰어나 이른바 영남학파의 종조가 되었으며, 그의 문하생으로는 정여창, 김굉필, 김일손, 남효온 등이 있었다. 제시문의 설명처럼 이들은 초야에 묻혀 있다가 성종 대에 중앙 정계에 언관직으로 많이 진출하였고, 훈구와의 갈등 속에서 사화를 겪는다.
② 김종직은 경남 밀양 출신이며 본관은 선산이었고, 그가 제향된 서원으로 밀양의 예림서원, 구미의 금오서원, 함양의 백연서원, 금산의 경렴서원 등이 있다.

85

(가)인물에 대한 설명으로 옳은 것은?

> (가) 이/가 올립니다. "지방의 경우에는 관찰사와 수령, 서울의 경우에는 홍문관과 육경(六卿), 그리고 대간(臺諫)들이 모두 능력 있는 사람을 천거하게 하십시오. 그 후 대궐에 모아 놓고 친히 여러 정책과 관련된 대책 시험을 치르게 한다면 인물을 많이 얻을 수 있을 것입니다. 이는 역대 선왕께서 하지 않으셨던 일이요, 한나라의 현량과와 방정과의 뜻을 이은 것입니다. 덕행은 여러 사람이 천거하는 바이므로 반드시 헛되거나 그릇되는 일이 없을 것입니다."

① 기묘사화로 탄압받았다.
② 조의제문을 사초에 실었다.
③ 문정왕후의 수렴청정을 지지하였다.
④ 연산군의 생모 윤씨를 폐비하는 데 동조하였다.

86

(가) 인물에 대한 설명으로 옳은 것은?

> (가) 은/는 『성학십도』와 『주자서절요』 등을 저술하여 주자의 학설을 당시 사회 현실에 맞게 체계화하였다. 특히 『성학십도』는 태극도 등 10개의 그림과 설명이 들어가 있는 책으로, 당시 임금이었던 선조가 성군(聖君)이 되기를 바라는 마음에서 지어 올린 것이라고 한다.

① 여전론을 주장하였다.
② 강화 학파를 형성하였다.
③ 일본의 성리학 발달에 영향을 주었다.
④ '이'와 '기'를 통일적으로 이해하면서 '기'를 중시하였다.

87

밑줄 친 '저'에 대한 설명으로 옳은 것은?

> 올해 초가을에 비로소 저는 책을 완성하여 그 이름을 『성학집요』라고 하였습니다. 이 책에는 임금이 공부해야 할 내용과 방법, 정치하는 방법, 덕을 쌓아 실천하는 방법과 백성을 새롭게 하는 방법이 실려 있습니다. 또한 작은 것을 미루어 큰 것을 알게 하고 이것을 미루어 저것을 밝혔으니, 천하의 이치가 여기에서 벗어나지 않을 것입니다. 따라서 이것은 저의 글이 아니라 성현의 글이옵니다.

① 예안향약을 만들었다.
② 동호문답을 저술하였다.
③ 백운동서원을 건립하였다.
④ 왕자의 난 때 죽임을 당했다.

88

(가), (나)와 직접 관련된 인물에 대한 설명으로 옳지 않은 것은?

> (가). 칼과 방울을 의(義)와 경(敬)의 상징으로 차고 다녔다.
> (나). 이언적의 철학사상을 발전시켜 주리철학을 정립하였다.

① (가) – 주리론의 선구자로 기보다 이를 중시하였다.
② (가) – 문하에서 다수의 의병장이 배출되었다.
③ (나) – 일본의 성리학 발전에 기여하였다.
④ (나) – 기대승과 사단칠정 논쟁을 벌였다.

85　답 ①
| 출제영역 | 조광조의 개혁정치

현량과 실시를 건의한 것을 통해 (가)에 해당하는 인물이 조광조임을 알 수 있다. ①의 기묘사화는 중종 대(1519) 조광조 일파의 급진적 개혁에 위협을 느낀 훈구 세력의 반발로 인해 일어난 것으로, 이로 인해 남곤 · 홍경주 등의 훈구파에 의해 조광조 등의 신진 사류들이 숙청되었다.

| 오답풀이 |
② 『조의제문』을 사초에 실은 것은 김종직의 제자인 김일손이다. 김종직이 쓴 『조의제문』은 중국 초나라 황제가 항우에게 죽임을 당한 비유를 들어 단종을 애도한 글로, 이 글은 은연중에 세조의 왕위 찬탈을 비판하였는데, 김일손이 이를 사초에 실어 무오사화(1498, 연산군 4)의 원인을 제공하게 되었다.
③ 문정왕후의 수렴청정은 조광조 사후인 명종 대의 상황으로 조광조와는 관련이 없다.
④ 연산군의 생모 윤씨의 폐비 사건과 관련된 것은 연산군 때 일어난 갑자사화(1504)로, 중종 때 중앙정계에 진출한 조광조와는 관련이 없다.

86　답 ③
| 출제영역 | 퇴계 이황의 사상

『성학십도』, 『주자서절요』 등을 저술했다는 내용으로 보아 (가)에 해당하는 인물이 퇴계 이황임을 알 수 있다. 이황의 사상은 임진왜란 이후 일본에 전해져 일본의 성리학 발전에 영향을 끼쳤다.

| 오답풀이 |
① 정약용에 대한 설명이다. 정약용의 여전론은 일종의 공동 농장 제도를 주장한 것으로서, 한 마을을 단위로 하여 토지를 공동으로 소유 · 경작하고 수확량을 노동량에 따라 분배하자는 것이었다.
② 정제두에 대한 설명이다. 18세기 초 정제두는 몇몇 소론 학자가 명맥을 이어가던 양명학을 체계적으로 연구하여 강화 학파로 발전시켰다.
④ 율곡 이이에 대한 설명이다. 이이는 이와 기를 통일적으로 이해하면서 현실 세계를 구성하는 기를 중시하였다. 이황은 이(理)는 존귀한 것으로 기(氣)는 천한 것으로 보았다.

87　답 ②
| 출제영역 | 이이의 활동

밑줄 친 '저'는 율곡 이이다. 율곡은 성학집요, 퇴계는 성학십도를 지었다는 것을 기억해두면 좋다. 이이에 대한 설명으로 옳은 것은 ②번 선지이다. 이이는 왕도정치의 이상을 문답 형식으로 서술하여 선조에게 글을 올렸고, 이것이 동호문답이다. 이이는 상대적으로 기(氣)를 중시하여, 수미법, 10만 양병설을 주장하는 등 현실적, 개혁적 성향을 보였다. 그의 사상은 서인에 영향을 주었으며, 성학집요, 동호문답, 만언봉사, 격몽요결 등의 저술을 남겼다.

| 오답풀이 |
① 이황에 대한 설명이다. 이이가 만든 향약은 해주향약, 서원향약 등이 있다.
③ 풍기군수 주세붕이 안향을 배향하기 위해 사묘를 설립한 것에서 백운동 서원이 출발하였고(1542년, 중종 36년), 이황이 풍기군수로 부임하였을 때, 사액을 요청하여 소수서원이 되었다(1550년, 명종 5년).
④ 정도전 등에 대한 설명이다.

88　답 ①
| 출제영역 | 조식과 이황

(가)는 남명 조식에 대한 설명이고, (나)는 퇴계 이황에 대한 설명이다. 옳지 않은 것은 ①번 선지이다. 이언적이 주리론의 선구자적 위치에 있고, 이황에 의해 주리론이 집대성되었다는 것이 일반적인 이해이므로, ①번 선지는 옳지 않다.
조식(1501년~1572년)은 출사하지 않고 학문 연구와 제자 양성에 힘쓴 산림처사로, 학문의 실천성을 강조하였다. 경과 의를 강조하였으며, 그의 문하에서 의병장이 많이 배출되었고, 그의 학풍은 북인으로 이어졌다. 노장사상에 상대적으로 개방적이었으며, 서리의 폐단을 비판한 '서리망국론'을 주장하였다.
이황(1501년~1570년)은 이언적의 철학 사상을 발전시켜 주리철학을 정립하였으며, 이의 절대성을 강조하였다. 주자서절요, 성학십도 등을 저술하였으며, 도덕적 행위의 근거로 인간의 심성을 중시하고, 근본적이며, 이상주의적 성격이 강하였으며, 그의 학풍은 영남 남인으로 이어졌다.

| 오답풀이 |
② 조식의 문하에서 곽재우 등 다수의 의병장이 배출되었다.
③ 그의 저서 주자서절요가 일본에 전해져 일본 성리학 발전에 기여하였다.
④ 퇴계 이황은 기대승과 사단칠정 논쟁을 벌이며, 성리학에 대한 이해를 심화하였다.

89
다음과 같이 주장한 조선후기 실학자에 대한 설명으로 옳은 것은?

> 천체가 운행하는 것이나 지구가 자전하는 것은 그 세가 동일하니, 분리해서 설명할 필요가 없다. 생각건대 9만 리의 둘레를 한 바퀴 도는데 이처럼 빠르며, 저 별들과 지구와의 거리는 겨우 반경(半徑)밖에 되지 않는데도 오히려 몇 천만 억의 별들이 있는지 알 수가 없다. 하물며 은하계 밖에도 또 다른 별들이 있지 않겠는가!

① 『우서』에서 상업적 경영을 통해 농업 생산성을 높여야 한다고 주장하였다.
② 『반계수록』에서 신분에 따라 토지를 차등 있게 재분배하자고 주장하였다.
③ 『임하경륜』에서 성인 남자에게 2결의 토지를 나누어 주자고 주장하였다.
④ 『북학의』에서 소비를 권장하여 생산을 촉진하자고 주장하였다.

90
다음 주장을 펼친 인물에 대한 설명으로 가장 옳은 것은?

> 국가는 마땅히 한 집의 생활에 맞추어 재산을 계산해서 토지 몇 부(負)를 1호의 영업전으로 한다. 땅이 많은 자는 빼앗아 줄이지 않고 미치지 못하는 자도 더 주지 않으며, 돈이 있어 사고자 하는 자는 비록 천백 결이라도 허락하여 주고, 땅이 많아서 팔고자 하는 자는 다만 영업전 몇 부 이외 에는 허락하여 준다.

① 한국사의 독자적인 정통론을 체계화하였다.
② '목민심서'와 '경세유표' 등의 저술을 남겼다.
③ 나라를 좀먹는 여섯 가지의 폐단을 지적하였다.
④ 신분에 따라 차등 있게 토지를 분배하는 균전론을 내세웠다.

91
다음 글을 쓴 사람에 대한 설명으로 옳은 것은?

> 오늘날 백성을 다스리는 자는 백성에게서 걷어들이는 데만 급급하고 백성을 부양하는 방법은 알지 못한다. …… '심서(心書)'라고 이름을 붙인 까닭은 무엇인가? 백성을 다스릴 마음은 있지만 몸소 실행할 수 없기에 그렇게 이름을 붙인 것이다.

① 우리나라에서 처음으로 지전설을 주장하였다.
② 『농가집성』을 펴내 이앙법 보급에 공헌하였다.
③ 홍역 관련 의서를 종합해 『마과회통』을 저술하였다.
④ 조선시대의 역사를 서술한 『열조통기』를 편찬하였다.

92
다음 개혁안을 주장한 인물에 대한 설명으로 가장 옳은 것은?

> 국가는 마땅히 한 집의 재산을 헤아려서 토지 몇 부를 한 집의 영업전으로 하여 당나라의 제도처럼 한다. 땅이 많은 자는 빼앗아 줄이지 않고 모자라는 자도 더 주지 않는다. 돈이 있어 사고자 하는 자는 비록 1,000결이라도 허락해 준다. …… 오직 영업전 몇 부 안에서 사고파는 것만을 철저히 살핀다. …… 사는 자는 다른 사람의 영업전을 빼앗은 죄로 다스리고, 구입한 자는 값을 따지지 않고 그 땅을 다시 돌려준다.

① 여전론을 제안하였다.
② 노론계열의 실학자이다.
③ 성호학파를 형성하였다.
④ 열하일기를 저술하였다.

89 답 ③
| 출제영역 | 홍대용

제시된 자료는 18세기 북학파의 실학자 홍대용이 주장한 지전설에 대한 내용이다. 홍대용은 『의산문답』에서 지전설을 바탕으로 중국을 중심으로 한 화이론적 세계관을 비판하였으며, 나아가 지구가 우주의 중심이 아니라는 무한 우주론을 전개하였다. 또한 『임하경륜』에서는 놀고먹는 선비들이 생산 활동에 종사할 것을 역설하고 성인 남자들에게 2결의 토지를 나누어 줄 것과 병농 일치의 군대 조직을 제안하기도 했다.

| 오답풀이 |

① 유수원에 대한 설명이다. 유수원은 『우서』를 통해 농기구의 개량, 상업적 농업의 장려, 상업의 장려 및 상업 자본의 확대 등을 주장하였다.
② 유형원에 대한 설명이다. 유형원은 『반계수록』을 통해 신분에 따른 토지의 차등 재분배인 균전론을 주장하였다.
④ 박제가에 대한 설명이다. 박제가는 『북학의』를 통해 재물을 우물물에 비유하며 절약보다는 소비를 권장을 주장하였다.

90 답 ③
| 출제영역 | 성호 이익

'영업전'이라는 키워드를 통해 제시문이 성호 이익의 한전론에 대한 내용임을 알 수 있다. 이익은 ③과 같이 나를 좀먹는 여섯 가지 폐단, 즉 6좀을 지적하였는데, 과거, 양반 문벌, 노비, 승려, 사치와 미신, 게으름 등이 그것이다.

| 오답풀이 |

① 안정복의 동사강목에 대한 설명이다.
② 목민심서 · 경세유표 등은 정약용의 저서이다.
④ 신분에 따른 차등적인 토지분배는 유형원의 균전론에 대한 설명이다.

91 답 ③
| 출제영역 | 정약용의 저술과 사상

자료는 정약용이 유배 시절에 저술한 『목민심서』의 일부분이다. 정약용은 이외에도 홍역 관련 의서를 종합하여 『마과회통』을 저술한 바 있다.

| 오답풀이 |

① 우리나라에서 지전설을 최초로 주장한 것은 김석문이다. 김석문과 함께 지전설을 주장한 인물로는 홍대용이 있다.
② 『농가집성』은 1655년(효종 6)에 공주목사 신속이 저술한 농서로, 이앙법을 비롯한 각종 농법과 함께, 벼의 품종, 구휼법, 원예작물과 특용작물 등에 대한 설명이 담겨 있다.
④ 『열조통기』는 『동사강목』 편찬으로 유명한 역사가 안정복이 저술하였다. 『열조통기』는 조선 태조부터 영조까지의 제왕들의 기사가 담겨 있으며, 관찬사서 성격이 강한 『조선왕조실록』과 구별되는 개인 편찬 사서로서의 의미가 있다.

92 답 ③
| 출제영역 | 이익의 한전론

자료는 조선 후기 중농주의 실학자 이익의 한전론에 대한 사료이다. 이익의 한전론은 한 가정의 생활을 유지하는 데 필요한 규모의 토지를 영업전으로 정한 다음, 영업전에 대해서는 법으로 매매를 금지하고, 나머지 토지만 매매를 허용하자는 것이었다. 한편 이익은 실학연구에 전념하여 『성호사설』, 『곽우록』 등 많은 개혁 관련 저서를 남기고 제자를 양성하였는데, 이들을 이익의 호인 '성호'를 따서 성호학파라고 부르기도 한다.

| 오답풀이 |

① 다산 정약용에 대한 설명이다. 정약용은 토지개혁론으로 일종의 공동농장제도인 여전론을 제시하였다.
② 성호 이익은 노론계열이 아닌 몰락한 남인 집안 출신이다.
④ 연암 박지원에 대한 설명이다.

93
다음 주장을 펼친 인물에 대한 설명으로 옳은 것은?

> 지금 우리나라 안에는 구슬을 캐는 집이 없고 시장에 산호 따위의 보배가 없다. 또 금과 은을 가지고 가게에 들어가도 떡을 살 수가 없는 형편이다. …… 이것은 물건을 이용하는 방법을 모르기 때문이다. 이용할 줄 모르고, 생산할 줄 모르니 백성은 나날이 궁핍해지는 것이다. 대저 재물은 우물과 같다. 퍼 쓸수록 자꾸 가득 차고 이용하지 않으면 말라 버린다. 그러므로 비단을 입지 않아 나라 안에 비단 짜는 사람이 없다.

① 『열하일기』를 저술하였다.
② 규장각 검서관으로 활동하였다.
③ 대동법의 확대 실시에 기여하였다.
④ 토지 소유에서 한전론을 주장하였다.

94
(가) 인물에 대한 설명으로 옳은 것은?

> 철종이 죽고 고종이 어린 나이로 왕이 되자, 고종의 아버지인 (가) 가/이 실권을 장악하였다. (가) 는/은 임진왜란 때 불탄 후 방치되어 있던 경복궁을 중건하였다. 이때 원납전이라는 기부금을 징수하는 일이 벌어졌으며 당백전이라는 화폐도 발행되었다.

① 『대한국국제』를 만들어 공포하였다.
② 서원을 대폭 줄이는 정책을 추진하였다.
③ 우정총국 개국 축하연을 이용해 정변을 일으켰다.
④ 황쭌셴의 『조선책략』을 가져와 널리 유포하였다.

95
다음과 같은 주장을 한 인물은?

> 일단 강화를 맺고 나면 저 적들의 욕심은 물화를 교역하는 데 있습니다. …(중략)… 저들이 비록 왜인이라고 하나 실은 양적(洋賊)입니다. 강화의 일이 한번 이루어지면 사학(邪學)의 서적과 천주의 상(像)이 교역하는 가운데 섞여 들어갈 것입니다.

① 박규수   ② 최익현   ③ 김홍집   ④ 김윤식

96
밑줄 친 (　)를 간행한 인물의 활동으로 옳은 것은?

> 우리가 (　)을/를 오늘 처음으로 출판하는데, 조선에 있는 내외국 인민에게 우리 주의를 미리 말하여 아시게 하노라. …(중략)… 우리가 이 신문 출판하기는 취리(取利)하려는 것이 아닌 고로 값을 헐하도록 하였고, 모두 언문으로 쓰기는 남녀 상하 귀천이 모두 보게 함이요, 또 구절을 띄어 쓰는 것은 알아보기 쉽도록 함이다.
> － 창간호 논설 －

① 아관파천을 주도하였다.
② 독립협회를 설립하였다.
③ 헌정연구회를 조직하였다.
④ 국채보상운동을 전개하였다.

93 답 ②

| 출제영역 | 박제가

자료는 박제가의 '우물론'에 대한 내용이다. 그는 『북학의』에서 생산과 소비의 관계를 우물물에 비유하면서 생산을 자극하기 위해서는 절약보다 소비를 권장해야 한다고 주장하였다. 박제가는 정조 시기 유득공, 이덕무 등과 함께 서얼 출신으로 규각 검서관에 등용되었다.

| 오답풀이 |
① 『열하일기』를 저술한 인물은 박지원이다.
③ 대동법 확대 실시에 기여한 인물은 한백겸, 이원익, 조익, 김육, 허적 등이다.
④ 한전론을 주장한 인물은 이익과 박지원이다. 이익의 한전론은 한 가정의 생활을 유지하는 데 필요한 규모의 토지를 영업전으로 정한 다음, 영업전에 대해서는 법으로 매매를 금지하고, 나머지 토지만 매매를 허용하자는 것이었고, 박지원은 토지 소유의 상한선을 설정하는 한전론을 주장하였다.

95 답 ②

| 출제영역 | 위정척사파(최익현)

제시문은 1870년대 위정척사가 최익현이 개항을 반대하며 주장한 5불가론 중 '왜양일체론'이다. 최익현은 강화도조약 직전 일본과 개항하는 것은 서양 오랑캐들과 교류하는 것과 같은 것이라는 논리로 일본과의 교류를 반대하는 입장을 밝혔다.

| 오답풀이 |
① 제너럴셔먼호 사건 당시 평양감사였던 박규수는 화공으로 미국상선 제너럴셔먼호를 침몰시켰다.
③ 2차 수신사(1880) 김홍집은 일본에서 『조선책략』을 가져와 유포시켰다.
④ 김윤식은 근대 무기 제조기술을 배우기 위해 영선사(1881)로 청에 파견되었다.

94 답 ②

| 출제영역 | 대원군의 대내외적 통치

고종의 아버지라는 내용과 경복궁 중건 등의 내용을 통해 (가)에 해당하는 인물이 흥선 대원군이라는 사실을 알 수 있다. 흥선 대원군은 전국의 서원을 47개소만 남기고 철폐하였는데, 당시 서원은 지방 양반들의 세력 기반이 되어 각종 면세와 면역의 특권을 누렸고, 지역 농민을 가혹하게 수탈하여 원성을 샀기 때문이었다. 서원 철폐로 국가 재정이 늘고 민생이 안정되자 백성은 이를 크게 환영하였다.

| 오답풀이 |
① 대한국 국제는 흥선 대원군 하야 후인 1899년 광무개혁기에 반포되었다.
③ 급진개화파에 대한 설명이다. 1884년 김옥균을 중심으로 한 급진 개화파는 우정총국의 개국 축하연을 이용하여 민씨 세력 중 핵심 인물들을 제거하고 개화당 정부를 구성하였다(갑신정변).
④ 김홍집에 대한 설명이다. 1880년 2차 수신사로 파견된 김홍집은 일본에서 청의 외교관 황쭌셴(황준헌)이 쓴 『조선책략』을 가져와 조·미 수호통상 조약 체결에 영향을 주었으며, 고종에게 일본의 발달된 모습을 보고하였다.

96 답 ②

| 출제영역 | 서재필

'남녀 귀천이 모두 보도록 언문으로 편찬', '알아보기 쉽도록 띄어쓰기 사용' 등의 내용을 통해, 순한글과 영문을 사용하고, 띄어쓰기를 최초로 도입한 독립신문에 대한 내용임을 알 수 있다. 독립신문을 간행한 인물은 서재필이며, 서재필은 독립문을 건설하기 위한 단체로 독립협회를 설립하였다.

| 오답풀이 |
① 아관파천을 주도한 것은 정동구락부 내 친러파 세력이다.
③ 헌정연구회는 이준, 양한묵, 윤효정 등이 1905년에 창설한 단체이다.
④ 국채보상운동은 1907년 대구에서 서상돈이 시작하였다.

97
밑줄 친 '나'에 대한 설명으로 옳은 것만을 모두 고르면?

> 오늘날 사람은 모두 법에 의하여 생활하고 있는데 실제로 사람을 죽인 자가 벌을 받지 않고 생존할 도리는 없는 것이다. … (중략) … 나는 한국의 의병이며 지금 적군의 포로가 되어 와 있으므로 마땅히 만국공법에 의해 처단되어야 할 것으로 생각한다.

〈보기〉
ㄱ. 일본에서 순국하였다.
ㄴ. 한인 애국단 소속이었다.
ㄷ. 『동양평화론』을 집필하였다.
ㄹ. 연해주에서 의병 투쟁을 전개하였다.

① ㄱ, ㄴ   ② ㄱ, ㄹ   ③ ㄴ, ㄷ   ④ ㄷ, ㄹ

98
〈보기〉의 그에 대한 설명으로 가장 옳지 않은 것은?

〈보기〉
> 그는 평안도 양덕 사람으로 … (중략) … 체격이 장대하고 지기가 왕성하였는데, 비록 글은 배우지 못하였으나 천성적인 의협심이 있어, 남을 돕는 일을 급무로 삼은 연유로 사람들이 많이 따랐다. 1907년 겨울에 차도선, 송상봉, 허근 등 여러 사람들과 의병을 일으켜 (중략) 전투를 벌였다.

① 산포수들을 모아 의병을 구성하였다.
② 주요 활동지는 함경도 삼수, 갑산 등지였다.
③ 1920년 청산리 전투에서 일본군을 격파하였다.
④ 13도창의군을 결성하고 서울진공작전을 개시하였다.

99
밑줄 친 '그'에 대한 설명으로 옳은 것은?

> 그는 을사조약이 체결되자 조약의 무효를 주장하는 상소를 올렸다. 1906년에는 이동녕 등과 함께 간도 용정촌에 서전서숙을 설립하여 항일 민족정신을 높이기 위해 온 힘을 다하였다. 1907년 이준, 이위종 등과 함께 고종의 특사로 헤이그 만국 평화 회의에 참석하려다가 일본의 방해로 좌절되었다. 이 사건으로 국내에서는 궐석 재판이 진행되어 사형이 선고되었다.

① 물산 장려 운동에 적극 참여하였다.
② 조선 건국 준비 위원회를 조직하였다.
③ 연해주에서 대한 광복군 정부 수립을 주도하였다.
④ 국민 대표 회의에서 새로운 정부 수립을 주장하였다.

100
다음 자료에 나타난 사상을 정립한 인물에 대한 설명으로 옳지 않은 것은?

> 우리나라의 건국정신은 삼균제도(三均制度)의 역사적 근거를 두었으니 선조들이 분명이 명한 바 『수미균평위(首尾均平位)하야 흥방보태평(興邦保泰平)하리라』 하였다. 이는 사회 각층 각급의 지력과 권력과 부력의 향유를 균평하게 하야 국가를 진흥하며 태평을 보유(保維)하려 함이니 홍익인간(弘益人間)과 이화세계(理化世界)하자는 우리 민족의 지킬 바 최고 공리(公理)임

① 한국독립당을 창당하였다.
② 임시정부의 국무위원이었다.
③ 제헌 국회의원에 당선되었다.
④ 정치·경제·교육의 균등을 주장하였다.

97 답 ④
| 출제영역 | 안중근

밑줄 친 '나'는 안중근이다. 하얼빈역에서 이토 히로부미를 저격한 후, 안중근은 뤼순 감옥에 수감되었는데, 재판 과정에서 개인의 자격으로 이토를 저격한 것이 아니라 대한 제국 의병 부대의 참모중장으로서 저격한 것이니 만국공법에 따라 포로로 대접할 것을 요구하였다. 안중근에 대한 설명으로 옳은 것은 ㄷ, ㄹ이다.

ㄷ. 옥중에서 동양평화론을 집필하였는데, 완성하지는 못하였다.
ㄹ. 안중근은 1907년 연해주로 건너가 의병 투쟁을 전개하였다. 전재덕 휘하에서 대한의군참모중장 겸 특파독립대장 및 아령지구 사령관의 자격으로 국내 진공 작전을 벌이기도 하였다.

| 오답풀이 |
ㄱ. 안중근은 뤼순 감옥에서 순국하였다.
ㄴ. 윤봉길, 이봉창 등에 대한 설명이다.

98 답 ④
| 출제영역 | 홍범도

글을 배우지 못하였다는 내용에서 제시된 자료의 '그'가 평민 출신인 홍범도임을 유추할 수 있다. ④의 13도 창의군은 이인영, 허위 등 양반 유생 의병장을 중심으로 조직되었으며, 천민 출신의 용장인 신돌석이 배제되거나, 홍범도·김수민 등 평민 출신 의병장이 연합전선에 참가하지 못하는 등의 한계를 보였다.

| 오답풀이 |
① 홍범도는 송상봉, 허근 등과 함께 산포대(山砲隊)를 조직한 뒤 포수들의 총포를 회수하러 온 일본군과 유격전을 벌여 격파하였다.
② 홍범도는 갑산·삼수·혜산·풍산 등지에서 일본군을 상대로 유격전을 벌였다.
③ 홍범도는 1920년 봉오동에서 일본군을 상대로 승리했으며, 같은 해 10월 청산리전투에서도 제1연대장으로 참가, 제2연대장 김좌진, 제3연대장 최진동 등과 함께 일본군을 크게 격파하였다.

99 답 ③
| 출제영역 | 보재 이상설의 활동

을사조약 무효 상소, 서전서숙을 설립, 이준·이위종과 함께 헤이그 특사로 파견되었다는 내용을 통해 제시문의 밑줄 친 '그'에 해당하는 인물이 이상설임을 파악할 수 있다. ③의 대한 광복군 정부는 1914년 러시아 블라디보스토크에 세워졌던 망명 정부로, 이상설이 정통령, 이동휘가 부통령에 각각 선출되었다.

| 오답풀이 |
① 물산 장려 운동은 1920년대에 전개된 실력 양성 운동이다. 이상설은 1917년 니콜리스크(현재 러시아 우수리스크)에서 병으로 죽었기 때문에 1920년대의 실력 양성 운동과는 직접적인 관련이 없다.
② 조선 건국 준비 위원회 조직을 주도한 것은 여운형(중도 좌파)과 안재홍(중도 우파)이다.
④ 국민 대표 회의는 대한민국 임시정부의 독립 운동 방향을 논의하기 위해 1923년 상하이에서 개최된 회의로, 이상설과는 직접적인 관련이 없다. 당시 새로운 정부 수립을 주장(창조파)한 대표적 인물은 신채호, 박용만 등이다.

100 답 ③
| 출제영역 | 조소앙의 삼균주의

위의 지문은 조소앙이 정립한 삼균주의(三均主義)에 대한 사료이다. 조소앙은 임시정부의 국무위원을 역임하며 개인·민족·국가의 균등과 정치·경제·교육의 균등을 천명한 삼균주의를 정립하여 독립국가의 기본 이념으로 삼고자 하였다. 조소앙은 제헌의회 의원을 선거하는 5·10 총선거(1948)에 불참하였으므로 ③의 설명은 잘못된 내용이다. 조소앙은 5·10 총선거 불참 이후 1950년 제2대 국회의원에 출마하여 최고득표수로 당선되었으나 6·25 전쟁 때 납북되었다.

| 오답풀이 |
① 조소앙은 김구와 함께 1930년에 상하이에서 한국독립당을 창당하였고, 이후 민족혁명당에 참여했다고 탈퇴한 후 한국독립당을 재건하였으며, 1940년에는 김구, 지청천과 함께 다시 한국독립당을 조직하였다.
② 조소앙은 1926년에 임시정부의 외무총장, 학무총장으로 선임되었으며 국무위원으로 선출되어 활동하였다.
④ 삼균주의는 개인·민족·국가의 균등과 정치·경제·교육의 균등을 천명한 사상이었고, 1941년 임시정부 건국강령으로 채택되었다.

101

다음 주장을 한 인물에 대한 설명으로 옳은 것은?

> 계급투쟁은 민족의 내부 분열을 초래한 것이며, 민족의 내장은 필연적으로 민족의 약화에 따르는 다른 민족으로부터의 수모를 초래할 것이다. 계급투쟁의 길은 우리가 반드시 취해야 할 필요는 없고, 민족 균등이 실현되는 날 그것은 자연 해소되는 문제다. …(중략)…이 세계적 기운과 민족적 요청에서 민족사관은 출발하는 것이며, 민족사는 그 향로와 방법을 명백하게 과학적으로 지시하여야 할 것이다.
> — 『조선민족사 개론』 —

① 『조선상고사』와 『조선사연구초』를 저술하였다.
② 대동사상을 수용한 유교 구신론을 주장하였다.
③ 『진단학보』를 발간한 진단학회의 발기인으로 활동하였다.
④ 『5천년간 조선의 얼』이라는 글을 동아일보에 연재하였다.

102

밑줄 친 '그'에 대한 설명으로 옳은 것은?

> 그는 신채호의 고대사 연구를 계승 발전시켜 고대 국가의 사회 발전 단계를 해명하는 많은 논문을 발표하여 해방 후 『조선상고사감』이라는 단행본을 엮어냈고, 우리나라의 전통 철학을 정리하여 『불함철학대전』과 『조선철학』을 저술하였다. 또한 '신민족주의와 신민주주의'라는 독창적인 이론을 제시하고, 이에 의거하여 극좌와 극우를 배격하고 만민공생의 통합된 민족 국가를 건설하려 하였다.

① 한국 민주당 결성을 주도하였다.
② 남조선 과도 입법 의원의 의장이 되었다.
③ 독립 촉성 중앙 협의회의 회장에 추대되었다.
④ 조선 건국 준비 위원회의 결성에 참여하였다.

103

다음과 같은 활동을 펼친 인물에 대한 설명으로 옳은 것은?

> ○ 대한매일신보에 애국적인 논설을 썼다.
> ○ 유교 개혁의 뜻을 담은 『유교구신론』을 집필하였다.

① 적극적인 의열 활동을 위해 한인애국단을 만들었다.
② 일본의 침략상을 폭로하는 『한국통사』를 저술하였다.
③ 실증사학의 입장에서 연구하는 진단학회를 조직하였다.
④ 김원봉의 요청을 받아들여 조선혁명선언을 작성하였다.

104

다음 자료를 쓴 역사가의 활동으로 옳은 것은?

> 역사란 무엇이뇨, 인류 사회의 아와 비아의 투쟁이 시간부터 발전하며 공간부터 확대하는 심적 활동 상태의 기록이니, 세계사라 하면 세계 인류의 그리되어 온 상태의 기록이며, 조선사라 하면 조선 민족의 그리되어 온 상태의 기록이니라.

① 『여유당전서』를 발간하여 조선후기 실학자들을 재평가하였다.
② 을지문덕, 최영, 이순신 등 애국명장의 전기를 써서 애국심을 고취하였다.
③ 『조선사회경제사』를 저술하여 세계사적 보편성 속에서 한국사를 해석하였다.
④ '5천 년간 조선의 얼'이라는 글을 동아일보에 연재하여 민족정신을 고취하였다.

101 답 ③
| 출제영역 | 손진태

손진태, 안재홍 등이 주도한 신민족주의 사학에 대한 내용으로 1940년 이후 광복에 대비하기 위해 민족 구성원인 사회 계층 간의 대립을 비판하고 민주주의적 방법에 의해 민족 중심으로 단결해야 한다고 하였다. 특히 손진태는 민속학에도 관심을 기울였고 진단 학회에도 참여하였으며, 신민족주의를 통한 민족 단결과 평등·친화·자주독립을 제창하였다. 손진태와 함께한 진단학회(1934)의 발기인으로는 이병도, 이상백 등이 있다.

| 오답풀이 |
① 『조선상고사』와 『조선사연구초』는 신채호의 저서이다.
② 대동 사상을 수용하여 유교 구신론을 주장한 것은 박은식이다.
④ 『5천년간 조선의 얼』은 정인보가 동아일보에 연재한 글이다.

102 답 ④
| 출제영역 | 안재홍

『조산성고사감』, '신민족주의와 신민주주'의 등의 내용을 통해 밑줄 친 '그'가 안재홍임을 알 수 있다. 안재홍이 주창한 신민족주의는 해방 직후, 지배계급 본위였던 과거의 민족주의와 차별화된 새로운 민족주의가 필요하다는 무제의식에서, 지주·자본과·농민·노동자를 아우르는 계급 통합적 관점에서 제창된 것이었다. 이는 서양의 자본주의와 다른 초계급적 경제균등을 기본으로 삼는 신민주주의로도 연결된다. 안재홍은 1945년 8월 조선건국준비위원회 결성 시 부위원장으로 활동하였는데, 조선 건국 준비 위원회는 위원장에 여운형(중도 좌파), 부위원장에 안재홍(중도 우파)이 임명되어 좌우 합작으로 결성되었다.

| 오답풀이 |
① 한국 민주당을 창당(1945년 9월)한 것은 송진우, 김성수 등 일부 우익 인사들이다.
② 남조선 과도 입법 의원의 의장이 된 인물은 김규식이다.
③ 독립 촉성 중앙 협의회 결성(1945년 10월) 시 회장으로 추대된 인물은 이승만이다.

103 답 ②
| 출제영역 | 박은식의 유교구신론

『유교구신론』을 통해 박은식에 대한 설명임을 알 수 있다. 박은식은 〈한국통사〉(1915)에서 일제 침략을 중심으로 근대사를 서술하였으며, '국혼'을 강조하였다. 박은식은 1920년에 『한일관계사료집』과 『한국독립운동지혈사』를 간행하였으며, 임시정부 제2대 대통령으로 활약하기도 하였다.

| 오답풀이 |
① 김구에 대한 설명이다. 김구는 적극적인 의열 활동을 통하여 임시정부의 침체를 극복하기 위해 1931년 상하이에서 한인 애국단을 결성하였다.
③ 이병도 등은 1934년 진단 학회를 조직하고 진단 학보를 발간하여 문헌 고증을 중시하는 실증주의 사학을 발전시켰다.
④ 신채호에 대한 설명이다. 김원봉은 신채호에게 의열단의 행동 강령 및 투쟁 목표를 문서화해 줄 것을 요청하였는데, 신채호는 이를 받아들여 1923년 '조선 혁명 선언'을 작성하였다.

104 답 ②
| 출제영역 | 신채호의 활동

위의 자료는 『조선상고사』의 서문 구절이다. 신채호는 구한말에는 을지문덕, 최영, 이순신 등의 애국명장의 전기를 써서 애국심을 고취하였으며, 『조선상고사』·『조선사연구초』 등을 집필하며 일제강점기 민족주의 사학 연구를 주도하였다. 신채호는 또한 의열단 선언문인 『조선혁명선언』을 1923년에 작성하는 등, 아나키스트 노선의 무력 항일투쟁을 주장하기도 했다.

| 오답풀이 |
① 『여유당전서』는 1934년 안재홍, 정인보, 문일평 등이 조선학운동(1934)의 일환으로 간행한 조선후기 실학자 정약용의 전집이다. 조선학운동은 실학연구를 통해 우리 민족의 전통 사상과 문화 속에서 민족의 고유한 특색을 찾아내고 문화적으로 민족의 주체성을 유지하려는 민족 운동이었다.
③ 『조선사회경제사』는 백남운의 저서로, 사회경제사학의 대표 서적이다.
④ '5천 년간 조선의 얼'을 동아일보에 연재한 것은 정인보로, 1935년 1월부터 연재하였다.

105

다음 주장을 한 인물에 대한 설명으로 옳은 것은?

> 우리 조선의 역사적 발전의 전 과정은 가령 지리적 조건, 인종학적 골상, 문화 형태의 외형적 특징 등 다소의 차이는 인정되더라도, 다른 문화 민족의 역사적 발전 법칙과 구별되어야 하는 독자적인 것이 아니다. 세계사적인 일원론적 역사 법칙에 의해 다른 민족과 거의 같은 궤도로 발전 과정을 거쳐왔다.

① 민족정신으로서 조선 국혼을 강조하였다.
② 민족주의 사학을 계승하여 조선의 얼을 강조하였다.
③ 마르크스 유물 사관을 바탕으로 한국사를 연구하였다.
④ 진단 학회를 조직하여 문헌 고증을 중시하는 실증주의 사학을 정립하였다.

106

다음과 같은 역사론을 주장한 인물이 쓴 논저를 〈보기〉에서 모두 고른 것은?

> 역사란 무엇이냐. 인류 사회의 아와 비아의 투쟁이 시간부터 발전하며 공간부터 확대하는 심적 활동 상태의 기록이니, 세계사라 하면 세계 인류의 그리 되어온 상태의 기록이며, 조선사라 하면 조선 민족의 그리 되어온 상태의 기록이다.

〈보기〉
ㄱ. 조선사연구초   ㄴ. 조선상고사감
ㄷ. 조선상고문화사 ㄹ. 한국독립운동지혈사

① ㄱ, ㄴ   ② ㄱ, ㄷ   ③ ㄴ, ㄹ   ④ ㄷ, ㄹ

107

다음 ㉠의 인물에 대한 설명으로 옳은 것은?

> ㉠ 은 조선시대에 민중을 위해서 노력한 정치가들과 혁명가들을 드러내고, 세종과 실학자들의 민족지향, 민중지향, 실용지향을 높이 평가하는 사론을 발표하여 일반 국민의 역사의식을 계발하는 데 기여하였다. 또한 국제 관계에서 실리적 감각이 필요함을 절감하고, 이러한 시각에서 『대미관계 50년사』라는 저서를 내기도 하였다.

① 민족의식 고취를 위하여 조선심을 강조하였다.
② 진단학회를 창립하여 한국사의 실증적 연구에 힘썼다.
③ 양명학의 대가였으며, 조선사연구를 저술하였다.
④ 우리의 민족 정신을 혼으로 파악하고, 혼이 담겨 있는 민족사의 중요성을 강조하였다.

108

밑줄 친 '그'에 대한 설명으로 옳은 것은?

> 한국 국민당을 이끌던 그는 독립운동 세력을 통합하고자 한국 독립당을 결성해 항일 운동을 주도하였다. 광복 직후 귀국한 그는 정부 수립을 위한 활동을 이어나갔으며, 남한 단독 선거가 결정되자 김규식과 더불어 남북 협상을 위해 평양을 방문하기도 하였다.

① 좌우 합작 위원회를 구성해 좌우 합작 7원칙을 발표하였다.
② 광복 직후 안재홍 등과 함께 조선 건국 준비 위원회를 만들었다.
③ 무장 항일투쟁을 위해 하와이로 건너가 대조선 국민 군단을 결성하였다.
④ 모스크바 3국 외상 회의의 결정 사항이 알려지자 신탁통치 반대 운동을 펼쳤다.

105 답 ③
| 출제영역 | 백남운

'민족의 역사적 발전 법칙', '세계사적인 일원론적 역사 법칙' 등의 내용을 통해 제시문이 백남운의 「조선 사회경제사」(1933)의 내용임을 알 수 있다. 백남운은 마르크스의 유물론을 바탕으로 세계사적인 보편적 역사발전 법칙에 따라 조선의 역사도 비슷한 양상으로 전개되었다는 주장을 전개하면서 일본의 식민사관인 정체성 이론을 반박하였다.

| 오답풀이 |
① 박은식에 대한 설명이다.
② 정인보에 대한 설명이다.
④ 실증주의 사학을 강조한 이병도, 손진태 등에 대한 설명이다.

107 답 ①
| 출제영역 | 문일평

제시문의 인물은 문일평이다. 민중을 위한 것, 세종을 강조한 것, 대외 관계사에 관심을 둔 것 등을 통해 문일평을 읽어낼 수 있어야 한다. 특히 문일평이 강조한 것은 '조선심'이었는데, 조선심의 결정체를 한글로 보았고, 조선심은 세종에 의해 구체적으로 표현되었다고 보았으며, 실학의 정신에서 조선심의 재현을 볼 수 있다고 생각하였다. 문일평에 대한 설명으로 옳은 것은 ①번이다.

| 오답풀이 |
② 이병도, 손진태 등에 대한 설명이다.
③ 정인보에 대한 설명이다.
④ 박은식에 대한 설명이다.

106 답 ②
| 출제영역 | 신채호의 저술

제시된 자료는 신채호의 「조선상고사」의 내용 중 일부로, 신채호는 이 책에서 '역사는 아(我)와 비아(非我)의 투쟁의 정신사이다.'라고 선언하였다. 신채호는 주로 고대사 연구에 치중해 「조선상고사」, 「조선상고문화사」, 「조선사연구초」, 「조선사론」 등을 저술하여 한국사를 주체적으로 재정리하였다.

| 오답풀이 |
ㄴ. 「조선상고사감」은 안재홍이 우리나라 고대사의 여러 주제들에 관해 쓴 논문들을 묶은 책을 말한다. 안재홍은 신채호나 정인보와 같이 비교언어학적인 방법에 기초를 두면서도 사회 발전의 단계성을 파악하려 하였다.
ㄹ. 박은식은 「한국통사」를 저술한 뒤 3·1 운동에 자극을 받아, '피의 역사', 곧 일제의 침략에 대항하여 한민족이 국권 회복을 위해 투쟁한 「한국독립운동지혈사」를 서술하였다.

108 답 ④
| 출제영역 | 김구

밑줄 친 '그'는 김구이다. 조소앙, 지청천 등이 민족혁명당으로 갔을 때도 임정 고수파였던 김구는 한국 국민당을 이끌었고, 그들이 다소 임정으로 왔을 때 한국 독립당을 결성하여 항일 운동을 주도하였다. 1948년 4월에는 김규식과 북행을 결심하여 평양에서 김일성, 김두봉과 4김 회담을 열어 통일 정부 수립을 위한 노력을 다하였다. 그에 대한 설명으로 옳은 것은 ④번 선지이다. 김구는 신탁통치 반대 운동에 적극 앞장섰으며, 자주 독립의 통일 정부 수립을 위해 헌신하였다.

| 오답풀이 |
① 좌우 합작 운동은 중도 좌파 여운형, 중도 우파 김규식 등이 주도하였다.
② 여운형 등에 대한 설명이다. 건국동맹을 모체로 한 건국준비위원회는 조선 인민 공화국 수립을 선포하였으나, 미 군정이 이를 인정하지 않았다.
③ 박용만에 대한 설명이다.

109

(가)와 (나)를 주장한 각 인물에 대한 설명으로 옳은 것은?

> (가) 우리는 남방만이라도 임시 정부 혹은 위원회 같은 것을 조직하여 38도선 이북에서 소련이 철퇴하도록 세계 공론에 호소해야 할 것이다.
> (나) 나는 통일된 조국을 달성하려다 38도선을 베고 쓰러질지언정 일신의 구차한 안일을 위하여 단독 정부를 세우는 데는 협력하지 아니하겠다.

① (가) – 5 · 10 총선거에 불참하였다.
② (가) – 좌우 합작 7원칙을 지지하였다.
③ (나) – 탁치 반대 국민 총동원 위원회를 조직하였다.
④ (나) – 남조선 과도 입법 의원의 의장을 역임하였다.

110

빈칸에 들어갈 인물에 대한 설명으로 가장 옳은 것은?

> _____은/는 조선 총독에게 전국적으로 정치범을 즉시 석방할 것, 서울의 3개월분 식량을 확보할 것, 노동자와 농민을 건국 사업에 동원하는데 절대 간섭하지 말 것 등을 요구하였다.

① 만주 길림시에서 의열단을 조직하여 일본을 무너뜨리고 '민중적 조선'을 건설하는 것을 목표로 민족 투쟁을 벌였다.
② 김규식과 함께 좌 · 우익의 대표로서 10인의 좌우 합작 위원회를 구성하여 남북한 통일 정부 수립 운동을 벌였다.
③ 단독 정부 수립 운동에 반대하여 분단을 막고 통일 정부 수립을 위하여 북한에 남북 지도자 연석회의를 제안하였다.
④ 좌우 협력의 민족 운동인 신간회 운동을 주도한 인물 중 한 사람으로 조선학 운동을 통해 민족문화 수호에 앞장섰다.

109 답 ③

| 출제영역 | 이승만과 김구

(가)는 이승만, (나)는 김구가 주장한 내용으로 볼 수 있다. 모스크바 3국 외상 회의에서 최고 5년을 기한으로 한국에 대한 4개국의 신탁 통치안이 결정되었다는 내용이 국내에 전해지자 김구 등 대한민국 임시 정부 요인들이 중심이 되어 '신탁 통치 반대 국민 총동원 위원회'가 결성되었으며, 김구를 비롯한 이들 위원회는 '탁치(신탁 통치) 반대 국민 총동원 시위 대회'를 개최하는 등 신탁 통치를 적극 반대하였다

| 오답풀이 |

① 이승만은 5·10 총선거에서 동대문구 갑 지역에서 단독출마하여 국회의원으로 당선되었고, 제헌의회 의장을 겸하였으며, 결국 초대 대통령으로 선출되었다.
② 좌우합작 7원칙의 내용 중, "3상 회의 결정에 의하여 남북을 통한 좌우합작으로 민주주의 임시정부를 수립할 것"이라는 부분은 이승만의 정읍 발언과 배치된다. 이승만은 '합작조건 중에 민주정책과 모순되는 조건이 있으므로 불만족하게 생각한다.'고 말하며 좌우합작에 불만을 표시하였다.
④ 김구는 남조선 과도입법의원의 의장을 역임하지 않았다. 남조선 과도입법의원의 의장은 김규식이었다.

110 답 ②

| 출제영역 | 여운형(조선건국동맹)

빈칸에 들어갈 인물은 여운형이며 제시문은 광복 전, 국내에서 결성한 조선건국동맹(1944)이 조선총독부에 요구한 5조항의 일부이다. 조선건국동맹에는 민족주의와 사회주의자들이 대거 참여하였고 임시정부와 연계하기도 하였다. 광복 직후에는 조선건국준비위원회로 발족되었다.

| 오답풀이 |

① 김원봉에 대한 설명이다. 김원봉은 1919년 길림에 의열단을 조직하였다.
③ 남북지도자 연석회의를 북한에 제안한 인물은 김구다.
④ 조선학운동을 전개한 인물은 안재홍, 문일평, 정인보이고, 그중 신간회 운동을 주도한 인물은 안재홍이다.